Benjamin Scholz

Ländliche Räume im demographischen Wandel

Auswirkungen und Handlungsansätze in Nordrhein-Westfalen

Bachelor + Master Publishing

Scholz, Benjamin: Ländliche Räume im demographischen Wandel: Auswirkungen und Handlungsansätze in Nordrhein-Westfalen, Hamburg, Diplomica Verlag GmbH 2012

Originaltitel der Abschlussarbeit: Auswirkungen und Herausforderungen des demographischen Wandels in den ländlichen Räumen in NRW

ISBN: 978-3-86341-202-9
Druck: Bachelor + Master Publishing, ein Imprint der Diplomica® Verlag GmbH, Hamburg, 2012
Zugl. Rheinisch-Westfälische Technische Hochschule Aachen (RWTH), Aachen, Deutschland, Bachelorarbeit, 2011

Bibliografische Information der Deutschen Nationalbibliothek:
Die Deutsche Nationalbibliothek verzeichnet diese Publikation in der Deutschen Nationalbibliografie;
detaillierte bibliografische Daten sind im Internet über http://dnb.d-nb.de abrufbar.

Die digitale Ausgabe (eBook-Ausgabe) dieses Titels trägt die ISBN 978-3-86341-702-4 und kann über den Handel oder den Verlag bezogen werden.

Dieses Werk ist urheberrechtlich geschützt. Die dadurch begründeten Rechte, insbesondere die der Übersetzung, des Nachdrucks, des Vortrags, der Entnahme von Abbildungen und Tabellen, der Funksendung, der Mikroverfilmung oder der Vervielfältigung auf anderen Wegen und der Speicherung in Datenverarbeitungsanlagen, bleiben, auch bei nur auszugsweiser Verwertung, vorbehalten. Eine Vervielfältigung dieses Werkes oder von Teilen dieses Werkes ist auch im Einzelfall nur in den Grenzen der gesetzlichen Bestimmungen des Urheberrechtsgesetzes der Bundesrepublik Deutschland in der jeweils geltenden Fassung zulässig. Sie ist grundsätzlich vergütungspflichtig. Zuwiderhandlungen unterliegen den Strafbestimmungen des Urheberrechtes.

Die Wiedergabe von Gebrauchsnamen, Handelsnamen, Warenbezeichnungen usw. in diesem Werk berechtigt auch ohne besondere Kennzeichnung nicht zu der Annahme, dass solche Namen im Sinne der Warenzeichen- und Markenschutz-Gesetzgebung als frei zu betrachten wären und daher von jedermann benutzt werden dürften.

Die Informationen in diesem Werk wurden mit Sorgfalt erarbeitet. Dennoch können Fehler nicht vollständig ausgeschlossen werden, und die Diplomarbeiten Agentur, die Autoren oder Übersetzer übernehmen keine juristische Verantwortung oder irgendeine Haftung für evtl. verbliebene fehlerhafte Angaben und deren Folgen.

© Bachelor + Master Publishing, ein Imprint der Diplomica® Verlag GmbH
http://www.diplom.de, Hamburg 2012
Printed in Germany

Inhalt

Abbildungs- und Tabellenverzeichnis I

1 Einleitung 1

2 Der demographische Wandel 3

   2.1 Situation in Deutschland 3

   2.2 Grundzüge des demographischen Wandels in NRW 6

3 Der ländliche Raum 9

   3.1 Allgemeine Definition und Funktionen des ländlichen Raums 9

   3.2 Der ländliche Raum in NRW – Bedeutung und Abgrenzung 10

4 Auswirkungen und Handlungsansätze in ausgewählten ländlichen Räumen NRWs . 15

   4.1 Situation im Hochsauerlandkreis 16

      4.1.1 Grundlagen der demographischen Entwicklung im Hochsauerlandkreis 17

      4.1.2 Reaktionen des Hochsauerlandkreises auf den demographischen Wandel . 18

   4.2 Situation in Ostwestfalen-Lippe 24

      4.2.1 Überblick zur Bevölkerungsentwicklung in Ostwestfalen-Lippe 24

      4.2.2 Das „Integrierte Ländliche Entwicklungskonzept" am Beispiel der Region Lippe-Süd 26

   4.3 Situation in der LEADER-Region Eifel 29

      4.3.1 Allgemeines zur LEADER-Region Eifel 31

      4.3.2 Demographischer Wandel in der LEADER-Region Eifel 32

   4.4 Ausblick und kritische Betrachtung der Handlungsansätze 34

5 Zusammenfassung 36

Literaturverzeichnis 38

Abbildungs- und Tabellenverzeichnis

Abbildung 1 Ursachen und Wechselwirkungen der Komponenten des demographischen Wandels 5

Abbildung 2 Entwicklung der Bevölkerungszahlen in NRW von 1990 bis 2050 6

Abbildung 3 Regionale Bevölkerungsentwicklung in NRW 2005 bis 2025 7

Abbildung 4 Räumliche Verteilung der Gebietskategorien 12

Abbildung 5 Funktionspotentiale ländlicher Räume 14

Abbildung 6 Politische Handlungsfelder des demographischen Wandels 16

Abbildung 7 Bevölkerungsentwicklung in OWL 2003-2020 25

Abbildung 8 Eigenschaften des ILEK 27

Abbildung 9 Lage der ILEK Region Lippe-Süd 28

Abbildung 10 LEADER-Regionen in NRW. 31

Abbildung 11 LEADER-Region Eifel im Überblick 32

Tabelle 1 Bevölkerungsentwicklung im Hochsauerlandkreis 2008 bis 2030 nach Altersgruppen 18

1 Einleitung

Eine der großen gesamtgesellschaftlichen Herausforderungen der Gegenwart und Zukunft stellt, neben der Globalisierung und dem Klimawandel, zweifellos der demographische Wandel dar. Von der Öffentlichkeit und insbesondere der Politik wird dieses Thema zunehmend zur Kenntnis genommen und in vielfältiger Weise diskutiert. Es besteht Einigkeit darüber, dass die deutsche Gesellschaft in Zukunft „weniger, älter und bunter" wird. Unklar ist allerdings wie sich diese Veränderungen räumlich auswirken werden. Dahinter stehen zumeist Fragen nach den regionalen Unterschieden in der Dynamik und dem Ausmaß der Bevölkerungsveränderung. Der ehemalige Bundesverkehrsminister Wolfgang Tiefensee stellte auf dem nationalen Demographie Kongress am 30.6.2009 in Berlin die tiefgreifende Bedeutung des demographischen Wandels für die Gesellschaft folgendermaßen heraus (BMVBS, 2009:1-2):

> Wenn wir über Demografie und demografischen Wandel reden, dann reden wir über ein Menschenbild. [...] Wir reden darüber, wie wir in der Zukunft leben wollen und was wir tun müssen, damit wir in der Zukunft gut leben können. Wir reden darüber, ob wir es in unserer Gesellschaft zulassen, dass sie auseinander driftet. Es ist also eine hoch politische Frage, die auf das einzelne Individuum genauso zielt wie auf die Gesamtpolitik einer Stadt, eines ländlichen Raums, eines Bundeslandes oder des Bundes.

Daran zeigt sich zum einen, dass der demographische Wandel ein zukunftsorientiertes Thema ist, auch wenn sich heute bereits Auswirkungen in Form von Bevölkerungsrückgängen, speziell in den neuen Bundesländern, zeigen. Zum anderen macht das Zitat deutlich, dass dies auch ein Thema ist welches die Lebensverhältnisse der Menschen betreffen wird. Das Thema ist damit auch für eine Raumplanung relevant, die auf die Schaffung gleichwertiger Lebensverhältnisse ausgerichtet ist.

Doch nicht nur bundesweit betrachtet stellt der demographische Wandel die Gesellschaft vor künftige Probleme und Herausforderungen. Auch auf der Landes- und Kommunalen Ebene beschäftigt das Thema die Menschen. So hebt der ehemalige Familienminister des Landes NRW Armin Laschet die Bedeutung des demographischen Wandels für NRW hervor, indem er diesen als „eine der größten Herausforderungen des 21. Jahrhunderts" bezeichnet (MGFFI.NRW, 2009:3).

Das Thema der vorliegenden Bachelorarbeit sind die Auswirkungen und Herausforderungen des demographischen Wandels in den ländlichen Räumen in Nordrhein Westfalen. Die Arbeit beschäftigt sich daher schwerpunktmäßig mit zwei Themenbereichen, einerseits mit dem demographischen Wandel und andererseits mit dem ländlichen Raum. Das Hauptaugenmerk liegt insgesamt auf der Darstellung und kritischen Betrachtung der regionalen Maßnahmen die derzeit ergriffen werden um dem demographischen Wandel in den ländlichen Räumen zu begegnen.

Zunächst werden im zweiten Kapitel die Grundlagen des demographischen Wandels im Allgemeinen behandelt. Es wird die Situation in Deutschland und anschließend in NRW dargestellt. Dabei geht es insgesamt darum die Zusammenhänge und Komponenten des demographischen Wandels zu veranschaulichen, um auf dieser Basis im weiteren Verlauf auf die speziellen demographischen Situationen in den ländlichen Räumen von NRW eingehen zu können.

Im dritten Kapitel werden dann der Begriff und die Funktionen des ländlichen Raums erläutert. Diese Darstellung soll dazu dienen im Folgenden die ländlichen Räume in NRW sinnvoll und begründet abzugrenzen.

Im vierten Kapitel werden dann die Auswirkungen des demographischen Wandels und die verschiedenen regionalen Handlungsansätze in ausgewählten ländlichen Gebieten von NRW dargestellt. Auf diese Darstellungen folgt schließlich eine kritische Betrachtung der Handlungsansätze.

2 Der demographische Wandel

Der demographische Wandel ist ein Phänomen welches ganz Europa und Deutschland betrifft (Wolkersdorfer/Gebhardt, 2007:172).

Allgemein wird unter dem demographischen Wandel in der Raumwissenschaft „die Summe aller Änderungen in der Zahl, in der Struktur und in der räumlichen Verteilung der Bevölkerung eines Gebietes oder einer Gebietskörperschaft" verstanden (Grüber-Töpfer et al., 2010:7). Der Begriff hat primär keine wertende Funktion, sondern beschreibt die Zusammensetzung der Altersstruktur einer Gesellschaft (Berlin-Institut, 2011). Untersuchungsgegenstand ist demnach die Bevölkerung. Die Größe, Zusammensetzung und räumliche Verteilung der Bevölkerung kann für einen bestimmten Zeitpunkt äußerst genau bestimmt und beschrieben werden. Die Bevölkerung kann in diesem Sinne als Bestandsgröße aufgefasst werden. Allerdings wird dabei nur der aktuelle Zustand bzw. eine Momentaufnahme der Bevölkerung abgebildet und Veränderungen bleiben unbeachtet. Die Bevölkerung ist aber kein dauerhafter Zustand. Sie unterliegt aufgrund von Geburten, Sterbefällen, Zuzügen und Fortzügen einer ständigen Veränderung (BBR, 2009:7). Diese Bevölkerungsveränderungen thematisiert der demographische Wandel. Anhand des Zusammenwirkens der folgenden vier Komponenten lassen sich die demographischen Veränderungen feststellen:

- Bevölkerungszahl („Summe von natürlicher Bilanz (Geburten minus Sterbefälle) und Wanderungsbilanz (Zuzüge minus Fortzüge)" (Grüber-Töpfer et al., 2010:8))
- Altersstruktur der Bevölkerung
- Internationalisierung der Bevölkerung
- Arten des Zusammenlebens (Individualisierung)

2.1 Situation in Deutschland

Bevor auf die spezielle Situation in NRW eingegangen wird, sollen an dieser Stelle vorab die wichtigsten Grundlagen des demographischen Wandels in Deutschland dargestellt werden. Zu den drei wesentlichen Prozessen, die den demographischen Wandel in Deutschland kennzeichnen, gehören „Rückgang, Alterung und die Wanderungsbewegungen der Bevölkerung" (Kilper/Müller, 2005:36).

Die Tatsache, dass seit 1972 in Deutschland pro Jahr mehr Menschen sterben als im selben Jahr geboren werden stellt die Grundlage für den Gesamtbevölkerungsrückgang in Deutschland dar. Ursächlich für diese kontinuierliche Entwicklung ist ein niedrigeres Geburtenniveau, welches auch europaweit zu beobachten ist. Im Durchschnitt bringt in Deutschland gegenwärtig jede Frau, im Laufe ihres Lebens, ca. 1,4 Kinder zur Welt. Dieses Geburtenniveau reicht auf Dauer nicht aus um die Bevölkerungszahl stabil zu halten. Die nachfolgende Kindergeneration wird quantitativ die Elterngeneration nicht ersetzen. Die Konsequenz ist, dass in Deutschland die Gesamtbevölkerung langfristig abnehmen wird (Aschemeier, 2007:62). So prognostiziert die 12. koordinierte Bevölkerungsvorausberechnung des statistischen Bundesamts einen deutlichen Rückgang der Bevölkerungszahl von ca. 82 Mio. (2008) auf 65 bis 70 Mio. Einwohner im Jahr 2060 (SB, 2009:5).

Ein weiterer Aspekt des demographischen Wandels ist der Anstieg der durchschnittlichen Lebenserwartung. Für Neugeborene hat sich die Lebenserwartung im Vergleich von 1871/1880 zu 2002/2004 in Deutschland mehr als verdoppelt. So ist sie bei Männern von 35,6 auf 75,9 Jahre und bei Frauen von 38,5 auf 81,6 gestiegen (Aschemeier, 2007:63). Als Grund dafür sind die verbesserten Lebensumstände und der medizinische Fortschritt zu sehen. Es wird erwartet, dass die Lebenserwartung bis 2050 weiter ansteigen wird. Diese Entwicklung hat Einfluss auf den Altenquotient. Damit wird das Verhältnis der Bevölkerung im Rentenalter zur Bevölkerung im Erwerbsalter angegeben. 2003 standen in Deutschland 100 Personen im Erwerbsalter 44 Personen im Rentenalter gegenüber d.h. der Altenquotient lag bei 44. Für das Jahr 2050 wird angenommen, dass sich dieser Wert nahezu verdoppeln wird. Selbst unter den günstigsten (Zuwanderungs-) Bedingungen wird der Altenquotient 2050 nicht unter 75 liegen (Lennep, 2004:11). Der Trend zur Überalterung der Gesellschaft zeigt sich auch im rapide gestiegenen Anteil der Hochbetagten an der Bevölkerung. Von 1980 bis 2000 hat der Anteil der über Hundertjährigen in Westdeutschland von 12 auf 82 Personen bezogen auf je 1 Mio. Einwohner zugenommen (Aschemeier, 2007:63).

Einen wichtigen Einfluss auf den demographischen Wandel in Deutschland haben Wanderungsbewegungen. Die Zuwanderungen aus dem Ausland sind dabei besonders bedeutsam für die Bevölkerungsdynamik. In der Vergangenheit konnte durch Zuwanderung der Bevölkerungsrückgang ausgeglichen und teilweise sogar überkompensiert werden. Beispielsweise sind nach 1990 13 Mio. Personen eingewandert während 9 Mio. Personen ausgewandert sind. Dies entspricht einer Netto-Zuwanderung von 4 Mio. Personen. Der Sterbeüberschuss von ca. 1 Mio. konnte auf diese Weise ausgeglichen werden (BBR, 2005:36). Die Nettozuwanderung hat den Bevölkerungsrückgang lange Zeit aufgehalten. Ohne sie „würde die Bevölkerungszahl in Deutschland schon seit 1972 sinken" (Aschemeier, 2007:63). Allerdings wird für die Zukunft erwartet, dass die Zuwanderung zurückgehen wird und sie somit den Bevölkerungsrückgang nicht länger ausgleichen kann.

Abschließend ist noch auf einen weiteren Aspekt des demographischen Wandels in Deutschland hinzuweisen. Der demographische Wandel hat, in Kombination mit ökonomischen Ursachen, deutliche Auswirkungen auf die Formen des Zusammenlebens bzw. die privaten Haushalte („Personengruppen, die gemeinsam wohnen und wirtschaften"). Der Trend geht zu einer stetigen Abnahme der Haushaltsgrößen bei gleichzeitig steigender Anzahl privater Haushalte. So sank zwischen 1991 und 2003 die durchschnittliche Zahl der Haushaltsmitglieder von 2,27 auf 2,13 Personen. Grund dafür ist eine Zunahme der Ein- und Zweipersonenhaushalte um je 20 % im gleichen Zeitraum. Dahinter steht einerseits eine durch die Alterung bedingte Zunahme der Einpersonenhaushalte älterer Menschen und andererseits eine durch die Geburtenrückgänge bedingte Abnahme der jungen Familienhaushalte mit drei oder mehr Personen (BBR, 2005:39). Außerdem wird ein Wandel der Lebensformen als Erklärung für diese Entwicklungen herangezogen. Dieser Wandel wird unter dem Schlagwort der gesellschaftlichen Individualisierung zusammengefasst. Der Begriff der Individualisierung bezieht sich auf die gestiegene Unabhängigkeit der Menschen von sozialen Institutionen, wie bspw. der Ehe. In der Folge werden traditionelle durch alternative Lebensformen immer mehr ersetzt und es kommt scheinbar zu einer „Pluralisierung der Lebensformen". Allerdings nimmt dabei tatsächlich nur die Verbreitung von bereits vorhandenen Lebensformen zu. So leben die Menschen vermehrt in nichtehelichen Partnerschaften, sind alleinerziehend oder leben in Partnerschaften mit getrennter Haushaltsführung. Begleiterscheinungen dieser Entwicklung sind u.a. hohe Scheidungs- und niedrige Erstheiratshäufigkeiten (Dorbritz/Schneider, 2010:9).

Insgesamt zeigt sich also in den oben vorgestellten vier Komponenten (Schrumpfung, Alterung, Internationalisierung und Individualisierung) der demographische Wandel. Wie sich diese Komponenten gegenseitig beeinflussen zeigt Abbildung 1.

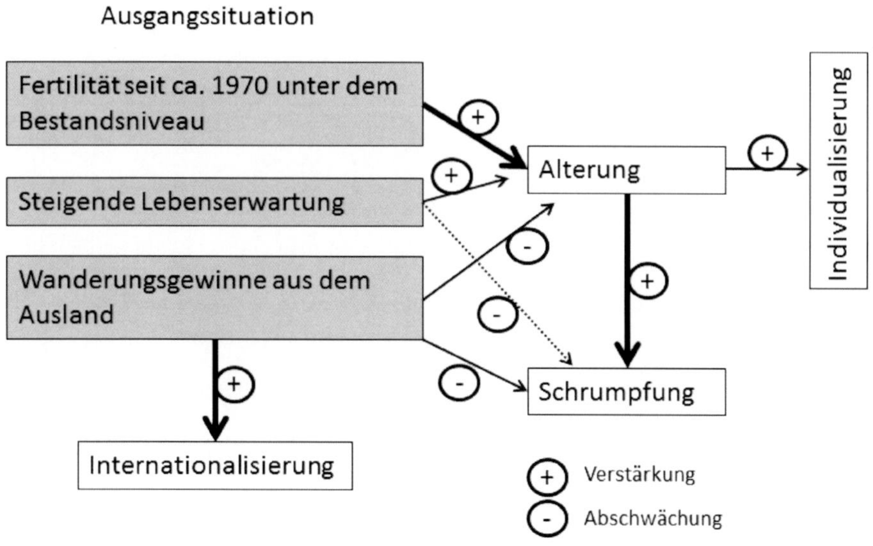

Abbildung 1 Ursachen und Wechselwirkungen der Komponenten des demographischen Wandels (veränderte Darstellung nach BBR, 2009:8).

Für die langfristige räumliche Differenzierung dieser Entwicklungen wird angenommen, dass in Deutschland die Alterung und Internationalisierung der Bevölkerung zwar unterschiedlich stark aber dennoch flächendeckend stattfinden wird. Anders verhält es sich hingegen mit der Bevölkerungsabnahme. Für die nächsten Jahrzehnte wird in Deutschland der Rückgang der Bevölkerung nicht alle Städte und Gemeinden im gleichen Umfang betreffen. Es wird vielmehr ein Nebeneinander von Schrumpfungs- und Wachstumsregionen erwartet (BBR, 2005:29).

2.2 Grundzüge des demographischen Wandels in NRW

Die unter 2.1 dargestellten Aspekte und Auswirkungen des demographischen Wandels lassen sich von der bundesweiten Betrachtung in einigen Punkten auf die Länderebene übertragen. Der generelle Trend der Bevölkerungsabnahme wird auch für NRW prognostiziert. Die Entwicklung der Bevölkerungszahl in NRW weist in der jüngeren Vergangenheit allerdings eine Besonderheit auf. So konnte das Land zwischen 1990 und 2004 eine beachtliche Bevölkerungszunahme verzeichnen. In diesem Zeitraum stieg die Bevölkerungszahl um 5,7 % an. In absoluten Zahlen ist die Landesbevölkerung damit um knapp 1 Mio. Personen angewachsen (MGFFI.NRW, 2009:7). Seither ist allerdings, dem bundesweiten Trend folgend, in NRW wieder ein Rückgang der Bevölkerungszahl zu beobachten. Wie Abbildung 2 veranschaulicht, wird bis 2050 weiter mit einer kontinuierlichen Abnahme der Landesbevölkerung gerechnet.

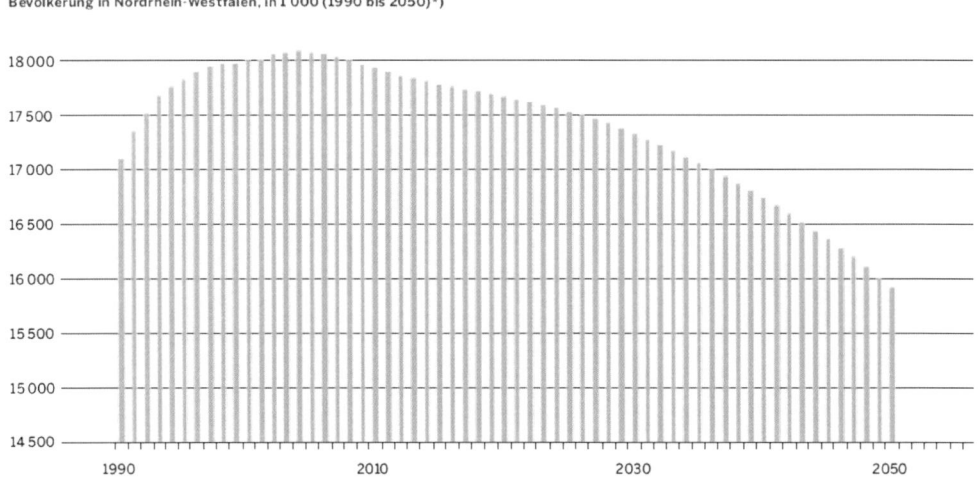

Abbildung 2 Entwicklung der Bevölkerungszahlen in NRW von 1990 bis 2050 (MGFFI.NRW, 2009:7).

Wie bereits angemerkt wurde verläuft die Abnahme der Bevölkerung im Zuge des demographischen Wandels nicht flächendeckend gleichmäßig, sondern es kommt zu regionalen Unterschieden. Dieser Entwicklungstrend trifft auch auf NRW zu. Aufgrund von regionalen Unterschieden in Bezug auf den Saldo von „Geburten- und Sterbeüberschuss" sowie dem Saldo „Wanderungsgewinne und –verluste" zeichnen sich auf Kreisebene unterschiedliche Entwicklungstendenzen ab. Grob unterschieden werden Wachstums- und Schrumpfungsregionen. Für NRW können darüber hinaus zwei Wachstumsregions- und drei Schrumpfregionstypen unterschieden werden (Grüber-Töpfer et al., 2010:12). Abbildung 3 zeigt wie sich diese Entwicklungstypen auf die Kreise in NRW verteilen. Es ist zu erkennen, dass sich insgesamt ein sehr differenziertes räumliches Muster ergibt.

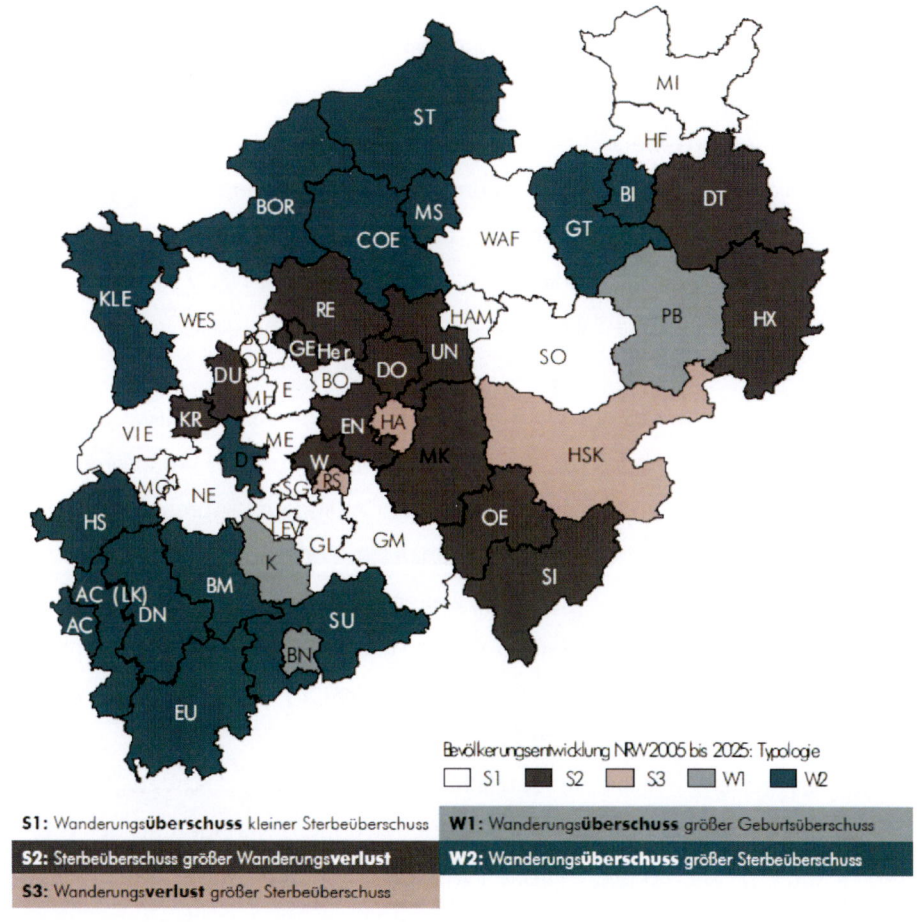

Abbildung 3 Regionale Bevölkerungsentwicklung in NRW 2005 bis 2025 (Grüber-Töpfer et al., 2010:13).

Regionen in denen die Wanderungsverluste größer oder kleiner als die Sterbeüberschüsse sind (S2, S3) werden am stärksten von dem Bevölkerungsrückgang betroffen sein. Als solche Schrumpfungsregionen können große Teile des Ruhrgebiets sowie Gebiete in Ostwestfalen und das Sauerland ausgemacht werden. Im Hinblick auf die Schrumpfungsregionen wird für die Regionen von Typ S1 die günstigste demographische Entwicklung prognostiziert. Im Gegensatz zu den Typen S2 und S3 werden für diese Regionen Wanderungsüberschüsse erwartet. Auch wenn diese voraussichtlich unter den Sterbeüberschüssen liegen werden, können diese Wanderungsüberschüsse auf zukünftige Entwicklungspotentiale hindeuten. Diese Regionen befinden sich vorrangig im Ruhrgebiet und in den suburbanen Räumen von Köln und Düsseldorf. Die räumliche Nähe zu den Wachstumsregionen scheint dort die demographische Entwicklung zu begünstigen. Zu den Regionen für die sowohl Geburtenüberschüsse als auch Wanderungsüberschüsse erwartet werden (W1) gehören Köln, Bonn und Paderborn. Bei dem zweiten Wachstumsregionstyp W2 gründet sich das Wachstum hingegen nur auf einen prognostizierten Wanderungsüberschuss der in diesen Regionen höher sein wird als der Sterbeüberschuss. Zu diesen Regionen gehören die kreisfreien Städte Aachen, Bielefeld, Düsseldorf und Münster. Bei diesen vier Städten handelt es sich um wichtige Hochschul- und Dienstleistungszentren. Diese Städte verfügen daher über eine starke Anziehungskraft, die sich in dem prognostizierten Wanderungsüberschuss widerspiegelt. Auch die umliegenden Landkreise werden voraussichtlich von dieser Entwicklung profitieren können (Grüber-Töpfer et al., 2010:12-14). Zusammenfassend zeigt sich also, dass sich der Bevölkerungsrückgang bzw. die Schrumpfung sehr unterschiedlich auf die einzelnen Regionen in NRW auswirken wird. Dabei muss allerdings darauf hingewiesen werden, dass es sich hierbei um Prognosen handelt die immer nur Anhaltspunkte für die zukünftige Entwicklung geben.

Die demographische Komponente der Alterung wirkt sich ebenfalls auf NRW aus und wird die zukünftige Altersstruktur des Landes bestimmen. Die Alterung ist an verschiedenen Faktoren ablesbar. Wie in ganz Deutschland ist auch in NRW ein Anstieg der durchschnittlichen Lebenserwartung zu beobachten. So ist das Durchschnittsalter im Zeitraum 1990 bis 2008 von 39,7 auf 42,6 Jahre angestiegen und bis 2025 wird ein weiterer Anstieg auf 46,1 Jahre prognostiziert. Dabei treten kaum regionalen Unterschiede auf. Der Alterungsprozess betrifft somit alle Region von NRW (MGFFI.NRW, 2009:12). Auch der Altenquotient weicht nicht wesentlich vom deutschlandweiten Trend ab. So lag dieser 2009 bei 34.

Für die Zukunft ist zudem mit einem deutlichen Zuwachs der Hochbetagten zu rechnen. Schätzungen zu Folge wird sich bis 2025 der Anteil der über 75-jährigen an der Gesamtbevölkerung von 8 % auf 11,7 % erhöhen. Betroffen werden davon überwiegend die Landkreise sein (Grüber-Töpfer et al., 2010:15-17).

3 Der ländliche Raum

Der im vorigen Kapitel beschriebene demographische Wandel wird derzeit in der Raumplanung des ländlichen Raums, neben den Themen Regionalisierung und regionaler Wettbewerb, funktionalem Wandel der Land- und Forstwirtschaft, Flächennutzungsmanagement und Kulturlandschaftserhaltung, als ein wichtiges Handlungsfeld aufgefasst (Born, 2011:6). In diesem Kapitel geht es nun darum zu klären was unter der Raumkategorie des ländlichen Raums verstanden wird und welche Räume in NRW als ländliche Räume bezeichnet werden können.

3.1 Allgemeine Definition und Funktionen des ländlichen Raums

Für den Begriff des ländlichen Raums gibt es grundsätzlich zwei verschiedene Definitionsmöglichkeiten. Einerseits wird der ländliche Raum anhand seiner charakteristischen Eigen-Merkmale definiert. Diese Definitionen beziehen sich hauptsächlich auf die spezifischen landschaftlichen, wirtschaftlichen, demographischen, soziologischen, administrativen und baulichen Merkmale des ländlichen Raums. So kann nach Henkel (2004^4:33) der ländliche Raum als „naturnaher, von der Land- und Forstwirtschaft geprägter Siedlungs- und Landschaftsraum mit geringer Bevölkerungs- und Bebauungsdichte sowie niedriger Wirtschaftskraft und Zentralität, aber höherer Dichte der zwischenmenschlichen Bindungen" definiert werden. Allerdings gibt Henkel bei dieser Definition zu bedenken, dass es sich dabei um eine sehr verkürzte und generalisierte Beschreibung handelt, die der Vielfältigkeit des ländlichen Raums nicht gerecht wird. Außerdem sind es ausschließlich traditionelle Kriterien, die dem ländlichen Raum zugeschrieben werden, ohne Wandlungsprozesse zu berücksichtigen (Henkel, 2004^4:33). Insofern ist die oben genannte Definition nur als Einstieg in die begriffliche Annäherung an den ländlichen Raum zu verstehen.

Die zweite Definitionsmöglichkeit besteht darin den ländlichen Raum zum städtischen Raum statistisch abzugrenzen. Für die Raumordnungs- und Förderpolitik sind solche Eingrenzungen der ländlichen Räume von großer Bedeutung. Als Abgrenzungskriterium wird in Deutschland u.a. die Bevölkerungsdichte auf Kreisebene herangezogen. Landkreise mit einer Bevölkerungsdichte von unter 200 Einwohnern pro km² gehören demnach zur Kategorie der ländlichen Räume (Henkel, 2004^4:33-34). Der ländliche Raum wird aus Sicht der Raumordnung auch häufig als „Restmenge" betrachtet. Demnach werden alle Gebiete, die nicht die Merkmale eines Verdichtungsraums aufweisen, dem ländlichen Raum zugeordnet. Eine eigene Definition des ländlichen Raums liegt dieser Abgrenzung nicht zu Grunde und auch die Unterschiede zwischen verschiedenen Arten von ländlichen Räumen bleiben unberücksichtigt (Gebhardt, 2007:74).

Dieser sehr einfachen Abgrenzungsmethodik steht die moderne, multifunktionale Sichtweise auf den ländlichen Raum gegenüber. Grundlage dafür ist die Erkenntnis, dass sich die Unterschiede zwischen städtischen und ländlichen Räumen in der modernen Gesellschaft zunehmend abgeschwächt haben. Stattdessen ist zu beobachten, dass die Unterschiede zwischen den verschiedenen ländlichen Räumen ansteigen und teilweise stärker ausgeprägt sind als die Unterschiede zwischen Stadt und Land. Somit gibt es den ländlichen Raum als einheitliche Kategorie nicht mehr (BBR, 2005:203). Vielmehr werden die ländlichen Räume anhand ihrer Funktionen differenziert. Nach dem Konzept der Multifunktionalität verfügen ländliche Räume über spezifische Funktionspotentiale. Zu den Funktionen des ländlichen Raums werden allgemein alle „Leistungen, die direkt oder indirekt von der Gesellschaft nutzbar sind und den Naturhaushalt fördern" gezählt (BBR, 2005:204). Im Einzelnen werden im Raumordnungsbericht die folgenden sechs Funktionen des ländlichen Raums unterschieden:

- Wohnfunktion
- Wirtschafts- und Arbeitsplatzfunktion
- Ökotop- und Naturschutzfunktion
- Erholungs- und Tourismusfunktion
- Ressourcenbereitstellungsfunktion
- Standortfunktion für flächenintensive bzw. sperrige Infrastruktur

Diese Bandbreite an Funktionen macht bereits die Vielfältigkeit und Bedeutung des ländlichen Raums deutlich. Das Funktionspotential ergibt sich aus der Summe der oben genannten Funktionen die ein ländlicher Raum erfüllt. Aus dem Funktionspotential lässt sich ableiten wie spezialisiert oder vielseitig ein ländlicher Raum strukturiert ist. Die Uneinheitlichkeit des ländlichen Raums wird damit begründet, dass ländliche Räume jeweils ein spezifisches Bündel an Leistungen erbringen (BBR, 2005:212). Insgesamt ist der ländliche Raum somit keine einheitliche Kategorie. Es werden sowohl strukturschwache als auch wirtschaftlich prosperierende Regionen als ländliche Räume bezeichnet.

3.2 Der ländliche Raum in NRW – Bedeutung und Abgrenzung

Nordrhein-Westfalen (NRW) ist das bevölkerungsreichste Bundesland in Deutschland. Am 31.12.2009 zählte das statistische Landesamt NRW 17.872.763 Einwohner. Die Bevölkerungsdichte betrug 524,3 Einwohner pro km² (IT.NRW, 2010). Das Bundesland ist damit auch „der am dichtesten besiedelte Flächenstaat der Bundesrepublik Deutschland" (MKULNV.NRW,

2010:12). In der öffentlichen Wahrnehmung wird das räumlich, strukturelle Bild von NRW vor allem durch das Ruhrgebiet und die Metropolregion Rhein-Ruhr geprägt. Die ländlichen Räume werden kaum beachtet oder, wie es Danielzyk/Mielke (2006:62) ausdrücken, „in der öffentlichen Wahrnehmung häufig vernachlässigt". Auch in Bezug auf die zukünftige Raumentwicklung des Landes bleiben die ländlichen Räume größtenteils unbeachtet (ARL, 2009:2). Es sei vorab angemerkt, dass diese mangelnde Beachtung der Bedeutung der ländlichen Räume für NRW nicht gerecht wird. Die ländlichen Räume in NRW sind einerseits wichtig für die Gesamtentwicklung des Landes und weisen andererseits in ökonomischer und demographischer Hinsicht teilweise sehr dynamische Entwicklungen auf (Danielzyk/Mielke, 2006:62). In diesem Kapitel wird versucht den ländlichen Raum in NRW zu identifizieren und einzelne Gebiete abzugrenzen.

Eine erste Annäherung an den ländlichen Raum in NRW ermöglicht der aktuelle Landesentwicklungsplan (LEP). Die Raum- und Siedlungsstruktur wird darin in vier Kategorien eingeteilt. Die Verdichtungsgebiete werden in „Ballungskerne, Ballungsrandzonen und Solitäre Verdichtungsgebiete" eingeteilt. Die ländlichen Räume werden im LEP entsprechend als „Gebiete mit überwiegend ländlicher Raumstruktur" bezeichnet. Diese Bezeichnung deutet bereits an, dass es den ländlichen Raum im klassischen Sinne in NRW scheinbar nicht gibt. Laut LEP sind 75 % der Landesfläche durch eine ländliche Raumstruktur geprägt. In diesen Gebieten wohnen ca. 1/3 der Landesbevölkerung (MWEBWV, 1995:10). Abbildung 4 veranschaulicht die räumliche Verteilung der vier Gebietskategorien in NRW. Allerdings ist diese Darstellung der ländlichen Räume sehr pauschal und wenig differenziert. Zur Abgrenzung bestimmter ländlicher Räume ist diese Einteilung somit ungeeignet, weil der ländliche Raum auch hier als eine Art „Restkategorie", abseits der Ballungs- und Verdichtungsräume, behandelt wird.

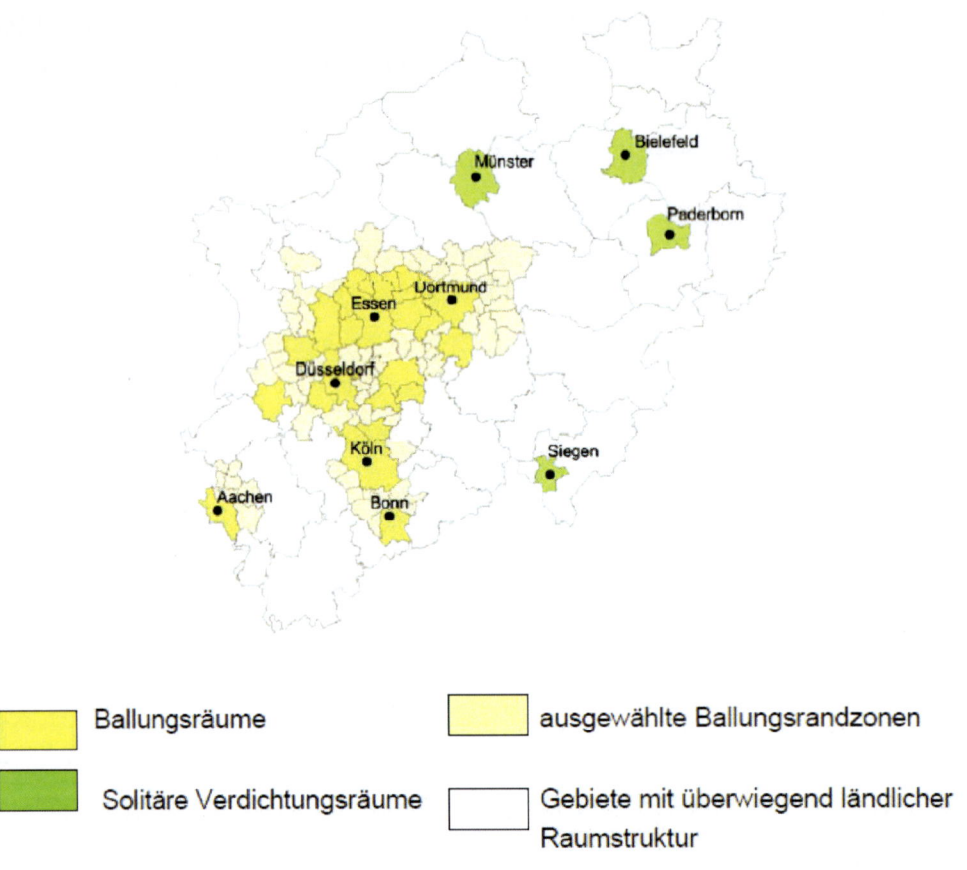

Abbildung 4 Räumliche Verteilung der Gebietskategorien (MKULNV.NRW, 2010:15).

Aus dem LEP geht dennoch hervor, dass die ländlichen Räume in NRW, im Unterschied zu den anderen Bundesländern, einige Besonderheiten aufweisen. Zum einen ist die Einwohnerdichte im Vergleich überdurchschnittlich hoch. Des Weiteren hat die Nähe zu den Verdichtungsräumen und den Verkehrsachsen die wirtschaftliche Entwicklung in weiten Teilen des ländlichen Raums begünstigt. So wird darauf verwiesen, dass die Industriedichte (sozialversicherungspflichtig Beschäftigte des verarbeitenden Gewerbes auf 1000 EW) im Durchschnitt über dem der Verdichtungsgebiete liegt. Insgesamt stellt der LEP fest, dass NRW „nicht mehr in industrialisierte Verdichtungsgebiete und ländlich strukturierte Gebiete gegliedert werden kann". Der LEP spricht sich weiterhin gegen die Einteilung des Landes nach dem Kriterium der Einwohnerdichte aus. Vielmehr werden die vielfältigen Wechselbeziehungen zwischen den ländlichen und verdichteten Räumen hervorgehoben. Hierbei wird der Siedlungs- und Wirtschaftraum von NRW aus landesplanerischer Sicht als Einheit betrachtet. Auf der regionalen Ebene wird der Entwicklung von verdichteten und ländlichen Räumen zu geschlossenen Aktionsräumen besondere Bedeutung beigemessen. Als Beispiele werden die Region Münsterland und die

Region Ostwestfalen Lippe angeführt (MWEBWV, 1995:13-14). Als ländliche Räume können diese beiden Regionen damit bereits abgegrenzt werden.

Aufgrund der bereits genannten hohen Einwohnerdichte und der Nähe zu den Verdichtungsgebieten ist der überwiegende Teil der ländlichen Räume in NRW periurban geprägt. Dies bedeutet, dass die nächstgelegenen städtischen Zentren schnell erreichbar sind. Von den meisten ländlichen Gebieten aus sind die Zentren innerhalb von max. 20 Minuten mit dem Auto oder dem ÖPNV zu erreichen. Dies begünstigt u.a. die Wohnfunktion der ländlichen Räume in NRW (MKULNV.NRW, 2010:13-14).

Es zeigt sich somit, dass eine eindeutige Abgrenzung von ländlichen Räumen in NRW durchaus problematisch ist. Um dennoch räumliche Einheiten abzugrenzen wird im Folgenden zunächst das Funktionspotential der ländlichen Räume in NRW herangezogen.

Gemessen an ihrem ländlichen Funktionspotential (Abbildung 5) weisen die Regionen in NRW fast nur niedrige Werte im Minusbereich auf. Die Ballungsräume und Großstädte gehören der Kategorie „bis unter -3,0" an. Ebenfalls eindeutig städtisch geprägt sind die östlich und westlich an die Metropolregion Rhein-Ruhr bzw. das Ruhrgebiet angrenzenden Gebiete. Das Funktionspotential liegt dort zwischen „-3,0 bis unter -1,0". Dies deutet auf Verdichtungseffekte und eine zunehmende Verstädterung dieser Gebiete hin. In NRW weisen somit nur drei Regionen ein ländliches Funktionspotential auf welches zwischen „1,0 bis unter 3,0" liegt. Dabei handelt es sich im Einzelnen um das Sauerland, den Landkreis Kleve und die nördliche Eifel (Kreis Euskirchen mit dem nördlich angrenzenden Rhein-Erft Kreis). Diese Gebiete können demnach als jene Region in NRW bezeichnet werden die am deutlichsten eine ländliche Struktur aufweisen. Doch die Funktionspotentiale sollen hier nicht als einziges Abgrenzungskriterium der ländlichen Räume in NRW dienen.

Ein recht ähnliches Bild ergibt auch die Abgrenzung der ländlichen Räume nach den Kriterien Siedlungsstruktur, Erreichbarkeit, Landwirtschaft und Natur/Landschaft. In einer Untersuchung auf Gemeindeebene haben Schmidt und Steinweg 2002, anhand dieser vier Kenngrößen sowie zahlreicher Indikatoren, versucht die ländlichen Räume in NRW abzugrenzen. Ohne an dieser Stelle näher auf diese Untersuchung einzugehen, soll in diesem Zusammenhang das Ergebnis als zusätzliche Bestätigung der räumlichen Abgrenzung der ländlichen Räume in NRW angeführt werden.

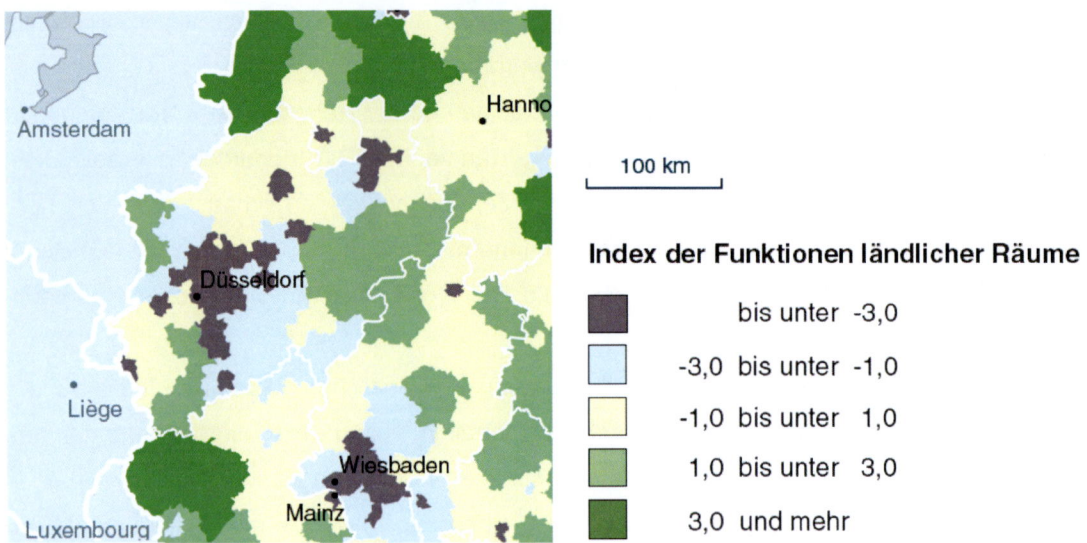
Abbildung 5 Funktionspotentiale ländlicher Räume (Ausschnitt aus BBR, 2005:212).

So kommt diese Untersuchung ebenfalls zu dem Ergebnis, dass die Regionen mit der ländlichsten Raumstruktur in NRW das Sauerland und die Gemeinden in der Eifel sind. Im Unterschied zu den Funktionspotentialen gelten aber auch weite Teile des Münsterlands und des bergischen Landes als ländliche Räume (Schmidt/Steinweg, 2002:11-12).

Im Rahmen dieser Arbeit wird sich die Darstellung der Auswirkungen und Herausforderungen des demographischen Wandels, auf Grundlage der oben genannten Abgrenzungen, räumlich auf den Hochsauerlandkreis, Ostwestfalen-Lippe und die nordrhein-westfälische Eifel konzentrieren.

4 Auswirkungen und Handlungsansätze in ausgewählten ländlichen Räumen NRWs

Der demographische Wandel wird in den ländlichen Räumen häufig als eine Herausforderung für die öffentliche Daseinsvorsorge aufgefasst. Insbesondere der Bevölkerungsrückgang und die Alterung der Gesellschaft wirken sich, in Kombination mit weitverbreiteten kommunalen Finanzproblemen, auf die Infrastrukturausstattung und deren Bereitstellung aus. Die logische bzw. wirtschaftliche Konsequenz auf den demographischen Wandel in schrumpfenden, ländlichen Räumen zu reagieren scheint zunächst in „Rückbau, Schließung und Schrumpfung von öffentlichen Angeboten" zu bestehen (Neu, 2011:44). Im Sinne der im Grundgesetz und im Raumordnungsgesetz geforderten Gleichwertigkeit der Lebensverhältnisse werden solche Maßnahmen äußerst kritisch betrachtet. Statt die Daseinsvorsorge auszudünnen sollte vielmehr die Frage im Vordergrund stehen, wie die Versorgungsinfrastruktur auch angesichts von Nachfragerückgängen zukünftig aufrechterhalten werden kann (Schmitz-Veltin, 2006:343).
Dies ist allerdings nur eine mögliche Folge und Kontroverse des demographischen Wandels. Neben der Infrastrukturversorgung sind noch viele weitere Bereiche betroffen und zu berücksichtigen. Die demographische Veränderung wird Einfluss auf nahezu alle gesellschaftlichen Bereiche haben. Mögliche Folgen im sozialen und ökonomischen Bereich werden u.a. den Arbeitsmarkt, die sozialen Sicherungssysteme und die Integration von Migranten betreffen. Auf den demographischen Wandel zu reagieren wird aufgrund der vielen Wirkungsbereiche als eine Querschnittsaufgabe aufgefasst. Für die Politik bilden drei Handlungsfelder die Grundlage für eine Gestaltungsmöglichkeit des demographischen Wandels. Dabei handelt es sich um sozial, ökonomisch und demographisch ausgerichtete Handlungsfelder. Zu dem sozialen Handlungsfeld zählt die bereits erwähnte Anpassung der Infrastruktur. Weiterhin geht es darum sozialstaatliche Leistungen und Dienste an den veränderten Bedürfnissen der Gesellschaft auszurichten. Problemfelder ergeben sich dort z.B. im Bezug zum Wohnungsbau oder im Bereich der Senioren- und Pflegepolitik. Im ökonomischen Handlungsfeld konzentrieren sich die Maßnahmen auf den Bildungsbereich. Es geht darum einem zukünftigen Mangel an Arbeitskräften entgegen zu wirken. Um schließlich Einfluss auf den Verlauf des demographischen Wandels zu nehmen werden die Familienpolitik sowie die Zuwanderungs- und Integrationspolitik als Schlüsselinstrumente angesehen. Darunter können z.B. politische Maßnahmen gefasst werden, die eine kinderfreundlichere Gesellschaft unterstützen (Landesregierung NRW, 2005:10-11). In Abbildung 6 sind die drei Handlungsfelder nochmal im Überblick dargestellt. Wie zu erkennen ist, sind alle Maßnahmen der Handlungsfelder an die öffentliche, finanzielle Situation geknüpft.

Abbildung 6 Politische Handlungsfelder des demographischen Wandels (eigene Darstellung nach Landesregierung NRW, 2005:10-11).

Nach dieser recht allgemeinen Darstellung der Handlungsfelder, die sich durch den demographischen Wandel für Politik und Gesellschaft ergeben, soll nun untersucht werden, wie sich die Situationen in den ausgewählten ländlichen Räumen NRWs darstellen und welche Maßnahmen und Strategien dort jeweils verfolgt werden, um mit den demographischen Entwicklungen umzugehen.

Bei diesen Betrachtungen ist die, unter Kapitel 3.1 herausgestellte, Heterogenität der ländlichen Räume von entscheidender Bedeutung. Aufgrund der unterschiedlichen Ausgangssituationen der ländlichen Räume ist es notwendig, dass die zuständigen Akteure jeweils mit anderen Maßnahmen auf den demographischen Wandel reagieren. Als zentrale Aufgabe gilt es „die öffentliche Daseinsvorsorge, flächendeckend in hochwertiger Qualität und zu tragbaren Kosten für alle Menschen bereitzustellen". Zu den essentiellen Lebensgrundlagen, die es zu berücksichtigen gilt, gehören dabei die Bereiche „Bildung, Gesundheit, Soziales, Energie, Verkehr, Wasser und Umwelt" (Kocks, 2007:24).

4.1 Situation im Hochsauerlandkreis

Wie zuvor in Kapitel 2.2 verdeutlicht wurde zählt der Hochsauerlandkreis, laut aktuellen Prognosen, zu einer der am stärksten vom Bevölkerungsrückgang betroffenen Regionen in NRW. Aufgrund seiner besonderen Dynamik des demographischen Wandel haben sich die Städte und Gemeinden dieses Landkreises vergleichsweise früh dezidiert mit dieser Thematik auseinandergesetzt. Seit 2003/04 wird die Kreispolitik verstärkt auf die Erfordernisse des demographischen Wandels ausgerichtet. Die politischen Bemühungen brachten schließlich am 26. Juni 2009 das, durch den Kreistag verabschiedete, „Demographiekonzept für den Hochsauerlandkreis" hervor. Es ist als „Strategiepapier für die Zukunft" erarbeitet worden und unterstreicht damit die Bedeutung des demographischen Wandels für die künftige Entwicklung des Kreises (HSK, 2009:3).

4.1.1 Grundlagen der demographischen Entwicklung im Hochsauerlandkreis

Bevor unter Kapitel 4.1.2 näher auf die Inhalte des Demographiekonzepts eingegangen wird, sollen vorab die wesentlichen Grundlagen der demographischen Entwicklung im Hochsauerlandkreis dargestellt werden.
Der Hochsauerlandkreis ist mit 1958 km² der flächengrößte Kreis in NRW und mit einer Bevölkerungsdichte von 139,9 E./km² zusätzlich einer der am wenigsten besiedelten Kreise des Bundeslandes (HSK, 2009:7). Nach der Bevölkerungsvorausberechnung des statistischen Landesamts von NRW wird die Einwohnerzahl im Hochsauerlandkreis zwischen 2008 und 2030 von 273.900 auf 237.200 zurückgehen. Dies entspricht einem prozentualen Rückgang von minus 13,4 % (IT.NRW, 2009:53). Der prognostizierte Bevölkerungsrückgang liegt damit deutlich über dem landesweiten Wert von minus 3,7 % (IT.NRW, 2009:60). Differenziert nach den Altersgruppen zeigt die Prognose, dass es in allen jüngeren Altersgruppen bis unter 60 Jahre zu Bevölkerungsrückgängen kommen wird. Die einzigen Altersgruppen die voraussichtlich ansteigen werden sind die 60-80 Jährigen und die über 80 Jährigen. Insbesondere für die letztgenannte Gruppe wird mit einem starken Zuwachs von über 50 % gerechnet (siehe Tabelle 1). Es kann daher festgehalten werden, dass sich die Aspekte Schrumpfung und Alterung im Hochsauerlandkreis sehr stark auswirken werden. Als Gründe dafür sind wiederum abnehmende Geburtenzahlen und konstante Zahlen der Sterbefälle zu nennen. Im Zeitraum von 2002 bis 2007 ist die Zahl der Geburten von 2688 auf 2272 gesunken während die Zahl der Gestorbenen um einen Wert von 2900 schwankt. Dieser Trend bewirkt das negative natürliche Bevölkerungssaldo im Hochsauerlandkreis (HSK, 2009:7).

Tabelle 1 Bevölkerungsentwicklung im Hochsauerlandkreis 2008 bis 2030 nach Altersgruppen (IT.NRW, 2009:53).

Alter von ... bis unter ... Jahren	01.01.2008	01.01.2030	Veränderung vom 01.01.2008 bis 01.01.2030
unter 3	7 000	5 400	−23,7 %
3 – 6	7 800	5 700	−26,7 %
6 – 10	11 600	8 000	−31,5 %
10 – 16	19 800	12 200	−38,4 %
16 – 19	10 700	6 300	−41,6 %
19 – 25	18 700	12 300	−34,1 %
25 – 40	48 300	37 500	−22,3 %
40 – 60	80 100	56 900	−29,0 %
60 – 80	55 700	71 800	+28,8 %
80 und mehr	14 100	21 200	+50,8 %
insgesamt	**273 900**	**237 200**	**−13,4 %**

Es ist darüber hinaus nicht vorauszusehen das der Aspekt der Wanderung den Bevölkerungsrückgang im Hochsauerlandkreis aufhalten bzw. abschwächen kann. Eher das Gegenteil ist zu beobachten. So wird die demographische Entwicklung zusätzlich durch ein negatives Wanderungssaldo geprägt. Im Zeitraum von 2002 bis 2007 überstieg jährlich die Zahl der Fort- die Zahl der Zuzüge. Erschwerend kommt in diesem Zusammenhang hinzu, dass verstärkt die jüngere Altersgruppe zwischen 18 und 24 aus dem Sauerland abwandert. Damit gehen dem Landkreis potentielle Familiengründer verloren. Dies hat wiederum negativen Einfluss auf die Geburtenzahlen (HSK, 2009:8-9).

Dieser kurze Überblick zur demographischen Situation und Perspektive im Hochsauerlandkreis zeigt, dass sich dort die verschiedenen Auswirkungen des demographischen Wandels, welche auch schon im 2. Kapitel erwähnt wurden, zukünftig bündeln werden.

4.1.2 Reaktionen des Hochsauerlandkreises auf den demographischen Wandel

Als Reaktion auf diese komplexe Problemlage hat sich der Hochsauerlandkreis das folgende Leitziel gesetzt: „Den demographischen Wandel aktiv gestalten und dabei Rahmenbedingungen für Wachstum in der Region schaffen" (HSK, 2009:13). Diese Zielformulierung wirkt zunächst sehr oberflächlich und hat durchaus einen phrasenhaften Charakter. Im Folgenden wird daher betrachtet welche konkreten Vorgehensweisen und Inhalte hinter diesem Ziel stehen.

Im Sinne des Demographiekonzepts wird ein integriertes Vorgehen angestrebt. Dabei sollen möglichst viele Fachbereiche mit einbezogen werden. Des Weiteren geht es im Allgemeinen darum die Standortqualitäten des Kreises zu stärken und an die Erfordernisse des demographischen Wandels anzupassen. Um speziell auf die Situation im Hochsauerlandkreis zu reagieren wurden dazu sieben relevante Handlungsfelder bestimmt. Im Einzelnen handelt es sich um folgende Handlungsfelder (HSK, 2009:14ff):

- Familie, Kinder, Jugendliche & Integration von Migranten
- Bildung und Ausbildung / Regionale Bildungsoffensive
- Senioren und Gesundheit
- Wirtschaft und Beschäftigung
- Regionale Entwicklung, Infrastruktur, Gewerbeflächen und Umwelt
- Kultur, Freizeit und Tourismus
- Verwaltung

Durch den Einsatz von Arbeitsgruppen werden für jedes Handlungsfeld spezifische Lösungsstrategien erarbeitet. Im Folgenden werden die Inhalte der Handlungsfelder vorgestellt. Aufgrund der Fülle der Themenbereiche beschränkt sich die Darstellung auf die wesentlichsten Aspekte.

Das erste Handlungsfeld konzentriert sich auf die Verbesserung der Familien- und Kinderfreundlichkeit im Landkreis. Eine wichtige Zielsetzung ist die Schaffung von flexiblen Betreuungsmöglichkeiten um dadurch für die Eltern eine bessere Vereinbarkeit von Familie und Beruf zu gewährleisten. Insbesondere die Betreuung von unter 3-jährigen sowie 3-6 jährigen Kindern durch fachlich geschultes Personal, die Ganztags- und Nachmittagsbetreuung sowie die Einrichtung von Freizeitangeboten für Kinder und Jugendliche werden als wichtige Maßnahmen genannt (HSK, 2009:14). Damit ist zu erkennen, dass der Hochsauerlandkreis nicht mit Rückbau und Schließung auf den demographischen Wandel reagiert. Das Demographiekonzept schließt sich stattdessen der Auffassung an, dass „weniger Kinder [...] nicht weniger Bildung, [sondern] ein besonderes Maß an Freizeitangeboten [benötigen], da sich Kontakte zu Gleichaltrigen nicht mehr automatisch im Dorf oder der Wohnsiedlung ergeben" (Neu, 2011:44). Neben den familienpolitischen Maßnahmen sind auch Strategien zur Integration von Migranten und Zuwanderern ein Bestandteil des Handlungsfelds. Hierbei geht es um die Auseinandersetzung mit dem demographischen Aspekt der Internationalisierung. Die Relevanz dieses Themas zeigt sich darin, dass dazu ebenfalls ein Konzept unter dem Titel „Zusammenwachsen im Hochsauerlandkreis" erarbeitet worden ist. Der Anteil der Einwohner mit ausländischem Pass lag Ende 2006 im Hochsauerlandkreis bei 6,1 %, die meisten stammen aus der Türkei, Serbien/Montenegro sowie Italien und Portugal. Hinzu kam 2007 eine Zahl von 12.584 Spätaussiedlern mit deutscher Staatsbürgerschaft (HSK, 2008:9). Die Integrationsarbeit wird im Hochsauerlandkreis als Querschnittsaufgabe aufgefasst und mit Projekten in den Handlungsfeldern „Sprachförderung und Bildung", „Arbeitsmarkt und Beschäftigung" sowie „Sport, Freizeit und Kultur" ausgestaltet (HSK, 2008:41-42). Dabei geht der Handlungsbedarf bei der Integration über die eigentlichen Probleme des demographischen Wandels hinaus. Sowohl die Zahlen der Schulabgänger mit Migrationshintergrund ohne Schulabschluss, als auch die der ausländischen Arbeitslosen liegen über dem Landesdurchschnitt (HSK, 2008:14). Verschiedene Maßnahmen zur Sprachförderung und Unterstützung des Austauschs zielen auf eine Verbesserung dieses Zustands ab. Als ein Beispiel kann die Einrichtung der AG „Öffentlichkeitsarbeit" angeführt werden. Ziel ist es durch Informationen und Veranstaltungen Vorbehalte in der Gesellschaft gegenüber den Migranten abzubauen und positive Beispiele hervorzuheben (HSK, 2008:38). Sowohl bei der Erstellung des Konzepts als auch bei der Umsetzung ist die Beteiligung der Bevölkerung insgesamt von entscheidender Bedeutung für den nachhaltigen Erfolg der Integrationsmaßnahmen.

Die Maßnahmen des Handlungsfelds „Bildung und Ausbildung" beziehen sich auf das Problem der rückläufigen Schülerzahlen. Im Hochsauerlandkreis wird davon ausgegangen, dass die Schülerzahl bis 2016 im Vergleich zu 2007 um 22,5 % sinken wird. Um dieser Entwicklung zu begegnen werden zwei Strategien verfolgt. Zum ersten geht es um die Anpassung des Schulangebots an die geänderte Nachfrage (d.h. den Wandel zu begleiten). Zum zweiten wird versucht der Entwicklung mit geeigneten Maßnahmen entgegenzusteuern (d.h. den Wandel zu steuern). Zur erst genannten Strategie gehören u.a. die „Zusammenlegung von verschiedenen Schulformen" und die „Bildung von Schulverbünden". Diese Maßnahmen befinden sich laut Demographiekonzept schon teilweise in der Umsetzung. Neben diesen rein auf Anpassung ausgerichteten Maßnahmen ist besonders die zweite Strategie, den Wandel zu steuern, hervorzuheben. Das Kernelement ist die Gestaltung einer Bildungsregion im Hochsauerlandkreis (HSK, 2009:15). Grundlage dafür bildet ein Kooperationsvertrag zwischen dem Land NRW und den kreisangehörigen Gemeinden und Städten. Zielsetzung ist die Schaffung und Optimierung von regionalen Bildungsnetzwerken zwischen sämtlichen Institutionen die als Bildungsträger oder im Bildungsbereich tätig sind (z.B. Schulen, Schulaufsicht, Berufsschulen...). Dies soll u.a. helfen den lokalen Bildungsbedarf zu ermitteln sowie die Bildungsangebote attraktiver und transparenter zu machen (BHSK, 2010:3). Aus Sicht des Landrats des Hochsauerlandkreises Dr. Karl Schneider ist der demographische Wandel einer der Gründe sich für die Bildungsregion zu engagieren. Seiner Meinung nach ist die „Qualität einer Bildungslandschaft der entscheidende Grund für die Niederlassungsentscheidung junger Familien" (BHSK, 2010:5). Somit ist mit dem Aufbau der Bildungsregion im Hochsauerlandkreis die Erwartung verbunden die Abwanderung junger Familien bzw. Altersgruppen zu verhindern und den Standort auf diese Weise auch zukünftig attraktiv zu machen.

Mit dem Thema der Überalterung beschäftigt sich das Handlungsfeld „Senioren und Gesundheit". In Bezug auf den Umgang mit Senioren wird eine stärkere gesellschaftliche Einbindung dieser Altersgruppe angestrebt. Gerade im Hinblick auf freiwilliges und ehrenamtliches Engagement werden bei den Senioren große Potentiale gesehen (HSK, 2009:16). Eine Realisierung dieser Idee stellte das Bundesmodellprogramm „Erfahrungswissen für Initiativen" zwischen 2002 bis 2006 dar. An diesem Programm hatte sich die Stadt Arnsberg beteiligt. Erfolgreich konnte dort ein Netzwerk von ehrenamtlich tätigen Senioren aufgebaut werden (sog. Seniorentrainern). Grundlage dafür stellt die Anerkennung der Kompetenzen älterer Menschen sowie die Unterstützung und Begleitung der Projekte durch die öffentlichen Institutionen dar. Auch über den Zeitraum der Durchführung des Modellprogramms konnte sich das Netzwerk in Arnsberg etablieren. Im Jahr 2007 waren in Arnsberg fast 40 Seniorentrainer in mehr als 30 Projekten tätig. Die Bandbreite der Projekte reicht von Gesprächskreisen über Patenschaften für Grundschüler bis hin zu Bewerbungstrainings (Stadt Arnsberg, 2007:64-67). Die Senioren bringen ihre Berufs- und Lebenserfahrung in diese Projekte ein und fördern auf diese Weise ein generationsübergreifendes Zusammenleben. Zielsetzung des Demographiekonzepts ist weiterhin die Stärkung des bürgerschaftlichen Engagements in allen Altersgruppen. Zur Unterstützung des Ehrenamtes verleiht der Hochsauerlandkreis seit 2002 alle zwei Jahre einen „Anerkennungspreis für das Ehrenamt" (HSK, 2009:16).

Um auf die Folgen der Überalterung zu reagieren gilt es die Pflegeinfrastruktur im Hochsauerlandkreis zu verbessern. Oberste Zielsetzung ist es pflegebedürftigen Menschen das Leben in ihrer häuslichen Umgebung zu ermöglichen. Mit welchen Mittel dieses wichtige Ziel realisiert werden kann wird im aktuellen Demographiekonzept nicht erwähnt. Allerdings wird daraufhin verwiesen, dass ein Konzept unter Mitwirkung verschiedener Akteure des Gesundheits- und Pflegebereiches erarbeitet wird.

Der zweite Aspekt des Handlungsfeldes betrifft die Gesundheit im Hochsauerlandkreis. Im Sinne des Demographiekonzepts wird auch dieser Bereich als Standortfaktor und Querschnittsaufgabe betrachtet. Der Hochsauerlandkreis steht im Bereich der Gesundheitsversorgung einer Herausforderungen gegenüber, die viele ländliche Räume in Deutschland derzeit zu bewältigen haben. Das allgemeine Problem ist, dass niedergelassene Ärzte im ländlichen Raum kaum mehr Nachfolger für ihre Praxen finden und somit eine Ausdünnung der gesundheitlichen Versorgung droht (Grabski-Kieron/Stinn, 2011:50, Schmitz-Veltin, 2006:351-352). Für den Hochsauerlandkreis wird in fünf bis zehn Jahren ein Hausärztemangel erwartet, da 45 % der Hausärzte bereits älter als 55 Jahre sind und ärztlicher Nachwuchs fehlt (HSK, 2009:16). Um dieser Entwicklung entgegenzuwirken erarbeiten die lokalen Akteure des Gesundheitswesens in Abstimmung mit dem Gesundheitsamt verschiedene Maßnahmen die eine „wohnortnahe und flächendeckende ambulante, als auch stationäre Versorgung" sicherstellen (HSK, 2009:17). U.a. wird sich dabei an dem Konzept der Gesundheitsregion orientiert. Im Vordergrund dieses Konzepts steht die „Vernetzung, Verteilung und effiziente Organisation zwischen Ärzten auf dem Land und in der Stadt". Anstatt die Ansiedlung von zusätzlichen Ärzten zu forcieren, wird, ähnlich wie bei der Bildungsregion, auf die optimale Nutzung und Vernetzung von bereits vorhanden Potentialen gesetzt. Über die gesundheitliche Versorgung hinaus bezieht das Konzept auch ökomische Faktoren, wie z.B. die finanzielle Tragfähigkeit von Einrichtungen, mit ein (Grabski-Kieron/Stinn, 2011:52). Neben dem besonderen Versorgungsbedarf der älteren Bevölkerung verfolgt das Demographiekonzept zudem Strategien zur Kinderfrühförderung (z.B. Hausbesuche bei Neugeborenen, Betreuungssprechstunden). Diese Maßnahmen sollen einerseits zur „Vermeidung von Kindeswohlgefährdung" beitragen und andererseits die Familienfreundlichkeit des Hochsauerlandkreises bestärken (HSK, 2009:17).

Das Handlungsfeld „Wirtschaft und Beschäftigung" bezieht sich auf die Stärkung des Standorts für Unternehmen. Der mit dem demographischen Wandel einhergehende Arbeitskräftemangel wird als eine der größten Herausforderungen für die regionale Wirtschaft im Hochsauerlandkreis gesehen. Sowohl die Unternehmen als auch die öffentliche Hand werden im Demographiekonzept als die Akteure genannt, die dieser Entwicklung mit geeigneten Strategien begegnen können. An den dort beispielhaft aufgeführten Strategien wird ersichtlich, dass sich die Handlungsfelder inhaltlich überschneiden und somit ein integriertes Vorgehen angestrebt wird. So werden u.a. kombinierte Maßnahmen aus den Handlungsfeldern Gesundheit, Familie und Bildung als zielführend angesehen (HSK, 2009:17-18). Insgesamt zielen alle diese Maßnahmen darauf ab die Standortqualitäten zu verbessern. Die Verbesserung der Rahmenbedingungen für die Unternehmen wird zusätzlich durch das wirtschaftspolitische Programm des Hochsauerlandkreises unterstützt. Darin wird umfassend auf die Sicherung und Förderung der regionalen Standortvorteile eingegangen. Der demographische Wandel wird dort auch als einer der Gründe für die Erarbeitung des Programms genannt (HSK, 2006).

Das Handlungsfeld „Regionale Entwicklung, Infrastruktur, Gewerbeflächen und Umwelt" umfasst u.a. den gesamten Bereich der bereits erwähnten öffentlichen Daseinsvorsorge. Für den Hochsauerlandkreis stellen besonders zunehmende Wohnungsleerstände ein Problem dar. Auf diese Entwicklung wird mit einem kommunalen Leerstandsmanagement reagiert (HSK, 2009:18-19). Zudem wird auch in diesem Handlungsfeld auf interkommunale Kooperation und Zusammenarbeit gesetzt. So haben sich 2007 der Hochsauerlandkreis, der Märkische Kreis, die Kreise Olpe, Siegen-Wittgenstein und Soest zur Region Südwestfalen zusammengeschlossen und führen im Rahmen der Regionalen 2013 gemeinsame Projekte mit verschiedenen Schwerpunkten durch. Das Projekt „Zukunft der Dörfer in Südwestfalen" konzentriert sich beispielsweise darauf die örtlichen Dorfgemeinschaften zukünftig aufrechtzuerhalten. Wesentlicher Ansatzpunkt bildet dabei die Zusammenarbeit der Dorfgemeinschaften und die Einbindung der lokalen Bevölkerung, insbesondere der Jugendlichen und der älteren Bevölkerung (Südwestfalen Agentur, 2010).

Im Handlungsfeld „Kultur, Freizeit und Tourismus" liegen die Schwerpunkte auf der Anpassung des Kultur- und Freizeitangebots an die geänderte Nachfragestruktur. Besonderes Augenmerk wird dabei auf die Schaffung von generationsübergreifenden, integrativen Konzepten gelegt. Kultur- und Freizeitangebote sollen sich demnach an alle Altersgruppen richten. Die Vielfältigkeit des Angebots ist dabei entscheidend. Als Beispiele werden die Museumslandschaft Hochsauerlandkreis und das jährliche Brassmusik-Festival genannt (HSK, 2009:19). Beide Angebote sprechen verschiedenen Besucher- und Altersgruppen an und können so helfen das Sauerland auch für junge Menschen attraktiv zu machen.

Von dem demographischen Wandel ist ebenfalls die Tourismuswirtschaft im Hochsauerlandkreis betroffen. Eine grundlegende Entwicklung ist in diesem Bereich die steigende Bedeutung der sogenannten „Generation 50+". Diese Bevölkerungsgruppe wird als „Zielgruppe der Zukunft und Wachstumsmotor des Tourismus" angesehen (NRW-Tourismus e.V., 2007:3). Neben der Alterung der Gesellschaft resultiert der Bedeutungszuwachs der älteren Bevölkerung auch in der Beibehaltung der Reisegewohnheiten im fortgeschrittenen Alter. So wird erwartet, dass die Reiseintensität in den älteren Bevölkerungsgruppen weiter steigen wird. Entscheidendes Merkmal der älteren touristischen Zielgruppe ist die Vielschichtigkeit der Interessen und Bedürfnisse, sodass die Zielgruppe „Generation 50+" nochmal nach Lebensphasen differenziert wird (Ebd., 2007:4). Auf diesen Trend zur Individualisierung versucht der Hochsauerlandkreis mit einem vielseitigen touristischen Angebot zu reagieren. Aus dem Demographiekonzept geht dazu hervor, dass sowohl der Gesundheitstourismus als auch der Aktivtourismus, insbesondere der Wintersport, wichtige Tourismusprodukte für das Sauerland sind. Auch in diesem Bereich werden zahlreiche Projektgruppen eingesetzt und Überschneidungen mit anderen Handlungsfeldern, z.B. „Senioren und Gesundheit", deutlich.

Schließlich wird im Bereich der Verwaltung durch den demographischen Wandel ebenfalls Handlungsbedarf gesehen. Angestrebt wird eine stärkere Kundenorientierung. Eckpunkte sind dabei zum einen die Einrichtung von nutzerfreundlichen eGovernment-Angeboten (Verkürzung der Bearbeitungszeit) und zum anderen die individuelle Betreuung der Bürger durch Hausbesuche (z.B. bei Antragsstellung oder –bearbeitung). Im Personalbereich besteht wiederum das Problem der Überalterung. In diesem Bereich ist das zukünftige Ziel „den Personalbestand der Bevölkerungsentwicklung anzupassen". Die Überalterung der Personalstruktur zeigt sich darin, dass 2020 64 % der Beschäftigten älter als 50 Jahre sein werden. Die Ausbildung und Einstellung jüngerer Mitarbeiter ist derzeit als Lösung für dieses Problem vorgesehen. Zusätzlich sind die Auswirkungen des demographischen Wandels bedeutsam für die kommunale Finanzsituation. Der Hochsauerlandkreis und die Gemeinden werden künftig durch die Abnahme der Bevölkerung und der Arbeitnehmer sinkende Steuereinnahmen haben. Die Ausgaben für die öffentliche Daseinsvorsorge werden aber steigen. Aus diesem Grund fordert das Demographiekonzept den Kreis zur Ausgabedisziplin und Ordnung der Finanzen auf, auch wenn dadurch die aktuellen Handlungsmöglichkeiten eingeengt werden (HSK, 2009:20).

Insgesamt zeigt der Überblick über das Demographiekonzept des Hochsauerlandkreises wie umfangreich sich die Auswirkungen und Herausforderungen des demographischen Wandels in diesem ländlichen Raum gestalten. Der Einsatz eines solchen ganzheitlichen, integrierten Gesamtkonzepts erscheint vor diesem Hintergrund sehr sinnvoll. Unkoordinierte Einzelmaßnahmen sind hingegen, im Hinblick auf die Komplexität und langjährige Entwicklung des demographischen Wandels, kaum zielführend. Bei allen geplanten Maßnahmen zeigt sich zudem, dass es immer darum geht die jeweiligen Standortfaktoren zu verbessern um im Wettbewerb um Zuwanderung zu bestehen.

4.2 Situation in Ostwestfalen-Lippe

Die Region Ostwestfalen-Lippe (OWL) liegt im Nordosten von NRW und ist gebietsgleich mit dem Regierungsbezirk Detmold. Sie setzt sich zusammen aus den Kreisen Gütersloh, Herford, Höxter, Lippe, Minden-Lübbecke, Paderborn und der kreisfreien Stadt Bielefeld (Bezirksregierung Detmold, 2011). Im LEP sind alle Kreise in OWL als „Gebiete mit überwiegend ländlicher Raumstruktur" ausgewiesen. Ausnahmen sind die beiden „solitären Verdichtungsräume" Bielefeld und Paderborn (siehe Abbildung 4). Der vorausgegangenen Betrachtung der demographischen Auswirkungen auf Kreisebene, soll nun die Betrachtung auf der übergeordneten Planungsebene, des Regierungsbezirks, gegenübergestellt werden. Anschließend wird der Fokus wieder auf einen ländlichen Raum in diesem Regierungsbezirk gelegt.

4.2.1 Überblick zur Bevölkerungsentwicklung in Ostwestfalen-Lippe

Nach den Prognosen der Bertelsmann Stiftung (2007:1) wird die Bevölkerungszahl in OWL zwischen 2003 bis 2020 um minus 2,16 % abnehmen. Das statistische Landesamt prognostiziert zwischen 2008 bis 2030 hingegen eine etwas höhere Abnahme von minus 5,6 % (IT.NRW, 2009:46). Die Schrumpfung wird in OWL demnach deutlich geringer ausfallen als im Hochsauerlandkreis. Allerdings wird die Bevölkerungsentwicklung räumlich sehr unterschiedlich verlaufen. Abbildung 7 macht deutlich, dass Schrumpfungs- und Wachstumsregionen in OWL unmittelbar aneinander grenzen. Für die Kreise Lippe und Höxter wird fast flächendeckend eine Bevölkerungsabnahme prognostiziert. In den Kreisen Minden-Lübbecke und Herford wird eine differenziertere Entwicklung vorhergesehen. Dort wird es sowohl zunehmende als auch abnehmende Kommunen geben. Die westlichen Städte und Kreise in OWL gehören hingegen zu den

Wachstumsregionen. Für alle Kommunen der Kreise Gütersloh, Paderborn sowie der Stadt Bielefeld werden bis 2020 leichte bis starke Bevölkerungszuwächse prognostiziert.

Mit dem Problem der Bevölkerungsabnahme sind somit besonders die beiden ländlichen Kreise Höxter und Lippe konfrontiert. In beiden Kreisen stellt zudem die Abwanderung junger Menschen in der Altersgruppe 18-24 Jahre ein großes Problem dar (Bertelsmann Stiftung, 2007:3). Es lohnt sich daher ein Blick auf den Umgang mit dieser Problemlage auf regionaler Ebene. Dazu soll im nächsten Kapitel auf ein Integriertes Ländliches Entwicklungskonzept im Kreis Lippe eingegangen werden.

Abbildung 7 Bevölkerungsentwicklung in OWL 2003-2020 (Bertelsmann Stiftung, 2007:2).

4.2.2 Das „Integrierte Ländliche Entwicklungskonzept" am Beispiel der Region Lippe-Süd

Um den Herausforderungen des demographischen Wandels zu begegnen gewinnt auch in den ländlichen Räumen von OWL die regionale Zusammenarbeit an Bedeutung. Exemplarisch soll hier auf das Integrierte Ländliche Entwicklungskonzept (ILEK) der Region Lippe-Süd eingegangen werden (RLS, 2008).

Zunächst ist die Bedeutung des ILEK zu klären. Das ILEK ist ein Förderinstrument für ländliche Kommunen und Regionen in NRW. Die rechtliche Grundlage bildet die „Richtlinie über die Gewährung von Zuwendungen zur Förderung einer integrierten ländlichen Entwicklung" von 2004. Ausgangspunkt für die Entwicklung dieses Förderinstruments sind neben dem demographischen Wandel auch der wirtschaftliche Strukturwandel und die zunehmende Bedeutung der nachhaltigen Entwicklung in den ländlichen Räumen. Das ILEK dient dazu auf diese komplexe Problemlage mit zukunftsfähigen Strategien seitens der Kommunen und unter Mitarbeit der Bürger zu reagieren. Folglich kann das ILEK als „integriertes, zukunftsorientiertes und in der Region abgestimmtes Handlungskonzept mit konkreten Zielen und Projekten" beschrieben werden (Bröckling/Löwer, 2009). Gefördert werden solche Konzepte zu maximal 75% durch die EU, den Bund und das Land NRW. In Abbildung 8 sind die fünf wichtigsten Eigenschaften des ILEK dargestellt. Eine wesentliche Eigenschaft ist der Gebietsbezug. Die Konzepte beziehen sich räumlich nicht auf einzelne Gemeinden, sondern auf eine größere Region bzw. einen Verbund mehrerer Gemeinden. Des Weiteren sind die Inhalte des ILEK dynamisch und sollen permanent weiterentwickelt werden. Außerdem sind die ILEK sektorübergreifend ausgerichtet, d.h. es wird das optimale Zusammenwirken von Politik und Wirtschaft in der Region angestrebt. Eine weitere wichtige Eigenschaft ist die Langfristigkeit des Konzepts. Das Konzept nimmt eine mittel- bis langfristige Perspektive ein. Dies ist gerade im Bezug zur langfristigen Entwicklung des demographischen Wandels ein Vorteil des ILEK. Zuletzt ist auch die partnerschaftliche Vorgehensweise als ein grundlegender Bestandteil des ILEK zu nennen. Damit ist Mitwirkung und Zusammenarbeit sämtlicher Akteure (z.B. Bürger, Institutionen) gemeint (Bröckling/Löwer, 2009).

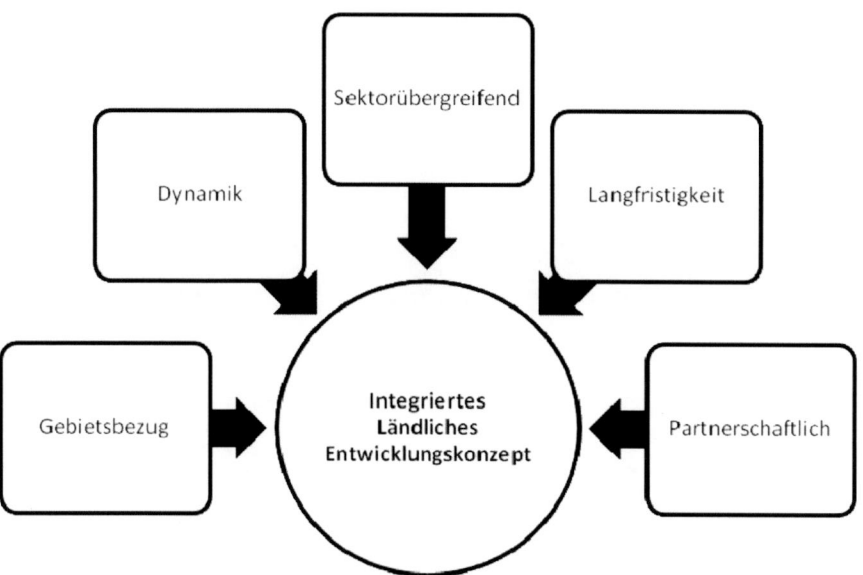

Abbildung 8 Eigenschaften des ILEK (eigene Darstellung nach Bröckling/Löwer, 2009).

Am Beispiel des ILEK Region Lippe-Süd lassen sich die genannten Merkmale gut veranschaulichen. Die Region Lippe-Süd ist ein Zusammenschluss der fünf südlichen Kommunen des Kreises Lippe. Für das gesamte Kreisgebiet wird bis 2030 eine Bevölkerungsabnahme von minus 10,7 % erwartet (IT.NRW, 2009:43). Das Konzept bezieht sich räumlich auf „die Städte Lügde, Schieder-Schwalenberg, Blomberg und Horn-Bad Meinberg sowie die Gemeinde Schlangen" (RLS, 2008:9). An der Erstellung des ILEK haben sich über 250 Personen aus der Region beteiligt (ebd.:2). Wesentlicher Bestandteil eines ILEK ist die Bestandsaufnahme bzw. die Stärken- und Schwächenanalyse der Region. Sie bildet die Basis für das weitere Vorgehen (Bröckling/Löwer, 2009). Wie sich im Fall der Region Lippe-Süd zeigt, werden dazu alle relevanten Aspekte bzw. Standortfaktoren der Region analysiert und dargestellt. Als wichtige Gemeinsamkeiten dieser Kommunen sind hierbei die ländliche Struktur und die Veränderung der Altersstruktur sowie der Bevölkerungsrückgang im Zuge des demographischen Wandels zu nennen. Neben dem steigenden Durchschnittsalter der Bevölkerung ist die Region auch von der Abwanderung junger Menschen im Ausbildungs- und Erwerbsalter betroffen. In Bezug auf die Siedlungsstruktur stellt das ILEK heraus, dass die Stärke der Region in den gut erhaltenen historischen Stadt- und Dorfkernen liegt. Zahlreiche erhaltene Fachwerkbauten prägen die Innenstädte der Ortschaften und tragen zu einem attraktiven Erscheinungsbild bei.

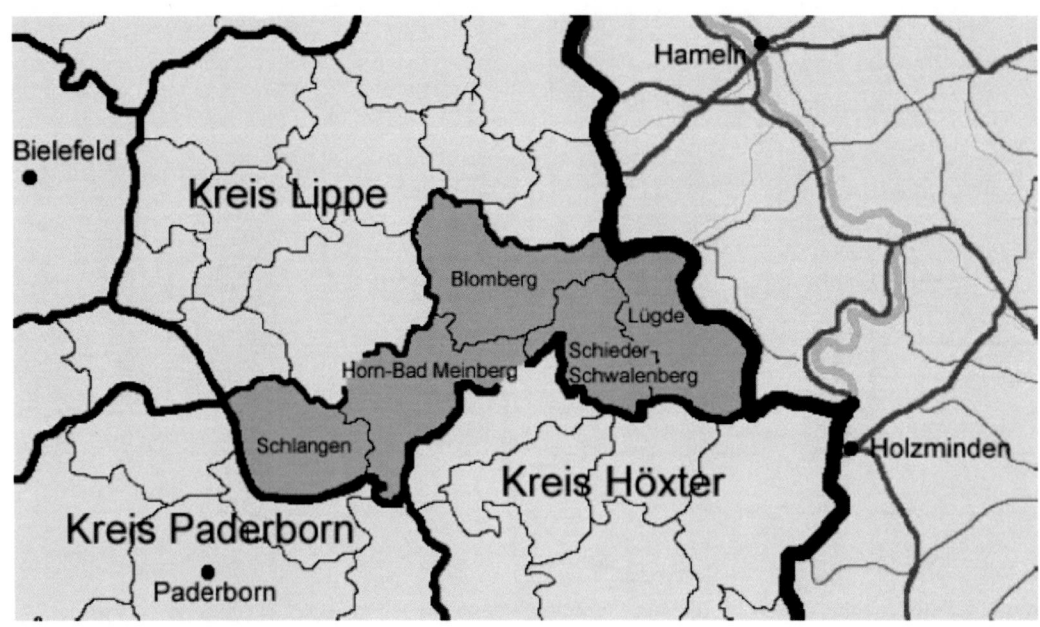

Abbildung 9 Lage der ILEK Region Lippe-Süd (RLS, 2008:9).

Im Handlungskonzept des ILEK Region Lippe-Süd stellt der demographische Wandel ein übergeordnetes Handlungsfeld dar. Es wird dort als „Handlungsfeld Demografischer Wandel – Lebensqualität" bezeichnet. Darunter werden die drei Themenschwerpunkte „Dörfliche Strukturen", „Zusammenleben und Integration" sowie die „Infrastruktur" gefasst. Zu jedem dieser Themenfelder sind allgemeine Ziele formuliert worden und es finden sich Maßnahmen und Projektansätze. Die allgemeinen Zielvorstellungen sind dabei größtenteils identisch mit den Ansätzen im Demographiekonzept des Hochsauerlandkreises. So werden auch im ILEK Region Lippe-Süd u.a. die Verbesserung des Zusammenlebens von Jung und Alt, die Stärkung des Ehrenamts und die Sicherstellung der Nahversorgung als Ziele definiert (RLS, 2008:54-62). Es geht auch dabei wieder um die Steigerung der Attraktivität der Region und um eine bedarfsgerechte Anpassung an den demographischen Wandel. Neben der allgemeinen Beschreibung der Handlungsfelder beinhaltet das ILEK aber auch konkrete Leitprojekte. Diese Leitprojekte sollen den Kommunen die Umsetzung des Konzepts in der Startphase erleichtern. Sie sind inhaltlich und organisatorisch offen gehalten und können daher noch an spezielle, örtliche Anforderungen angepasst werden (ebd.:63). Im Folgenden sollen die drei Leitprojekte des ILEK in Bezug auf den demographischen Wandel kurz vorgestellt werden.

Infolge des Bevölkerungsrückgangs stellt in der Region Lippe-Süd die zunehmende Zahl leerstehender Gebäude ein Problem dar. Um die historische Bausubstanz sowie die Ortskerne zu erhalten und einer Verödung durch Rückbaumaßnahmen entgegenzuwirken, setzen die Kommunen ein gemeinsames Leerstandsmanagement ein. Im Themenfeld „Dörfliche Strukturen" bezieht sich das Leitprojekt daher auf den Aufbau eines Leerstandsmanagements (ebd.:76-77). Erwähnenswert ist hier das Projekt „Leerstandsmanagement Lippe". Im Rahmen dieses Projekts werden zurzeit die leerstehenden Immobilien (Wohnhäuser, Ladenlokale, Gewerbeimmobilien) in einer Datenbank erfasst und an Interessenten vermittelt. Neben dem Verkauf der Objekte geht es aber auch um die Erarbeitung von Möglichkeiten der Neu- und Umnutzung sowie die gezielte Durchführung und Planung von Rückbaumaßnahmen (Lippe Aktuell, 2011).

Dem Bereich „Zusammenleben und Integration" ist das Leitprojekt „Seniorenuniversität" zugeordnet. Der Projektträger ist das Europäische Zentrum für universitäre Studien der Senioren in Bad Meinberg. In Zusammenarbeit mit den Universitäten Bielefeld und Paderborn werden seit 2006 Studienangebote für Senioren bzw. Personen der sogenannten „Generation 50+" eingerichtet. Der Seniorenuniversität wird im ILEK eine hohe Bedeutung beigemessen. So wird es als ein „innovatives Produkt" und „bundesweites Alleinstellungsmerkmal" der Region bezeichnet. Potentiale werden im Ausbau und in der Verknüpfung dieses Bildungsangebots mit dem Tourismusbereich gesehen (RLS, 2008:78).

Das dritte Leitprojekt „Bürger helfen Bürger" bezieht sich auf den Themenbereich der Infrastruktur. Im Vordergrund dieses Projekts steht das ehrenamtliche Engagement der Bürger. Durch die Organisationsform eines Tauschringes soll in der Region ein soziales Netzwerk zwischen verschiedenen Bevölkerungsgruppen entstehen. Der Tauschring hat den Zweck, dass die Mitglieder untereinander Dienstleistungen oder auch Waren unentgeltlich austauschen können. Durch privates Engagement, bspw. durch Fahrdienste zum Einkaufen oder für den Arztbesuch, soll auf diese Weise älteren Menschen weiterhin die Möglichkeit gegeben werden mobil zu sein und am gesellschaftlichen Leben teilzunehmen. Da die Teilnahme an einem solchen Tauschring auf freiwilliger Basis beruht ist es notwendig die organisatorischen Voraussetzungen sowie Anreize für die Teilnahme zu schaffen. Das ILEK schlägt daher die Einrichtung einer Ehrenamtsbörse in Kombination mit einem regionalen Internetportal vor. Außerdem wird, ähnlich wie im Hochsauerlandkreis, die Würdigung des Ehrenamtes durch eine jährliche Preisvergabe in Betracht gezogen (RLS, 2008:80-81).

Insgesamt zeigt sich, dass trotz des offenen Ansatzes das ILEK bereits einige konkrete Projektideen enthält. Als entscheidendes Merkmal für das gesamte Konzept lässt sich die enge Kooperation zwischen den Gemeinden der Region festhalten.

4.3 Situation in der LEADER-Region Eifel

Als dritter ländlicher Raum wird in diesem Kapitel die nordrhein-westfälische Eifel betrachtet. Wie Abbildung 10 zeigt gehört die Eifel zu den LEADER-Regionen in NRW. Die Region erhält seit 2007 Fördermittel der EU zur Entwicklung des ländlichen Raums. Im Vordergrund des LEADER Förderprogramms steht die Verbesserung der Wirtschaftsstruktur. Die folgenden drei Leitziele werden mit der Programmumsetzung verfolgt (LAG Eifel, 2011):

- Verbesserung der Wettbewerbsfähigkeit der Land- und Forstwirtschaft durch Förderung der Umstrukturierung, Entwicklung und Innovation.
- Verbesserung der Umwelt und der Landschaft durch Förderung der Landbewirtschaftung.
- Verbesserung der Lebensqualität im ländlichen Raum und Diversifizierung der ländlichen Wirtschaft.

In NRW ist die LEADER Förderung ein Bestandteil des NRW-Programms „Ländlicher Raum" 2007 – 2013 (MKULNV.NRW, 2010). LEADER ist in diesem Programm einer von 4 Schwerpunkten. Der LEADER Ansatz soll dazu beitragen „regionale Probleme vor Ort zu lösen". Die Beteiligung der lokalen Bevölkerung bei der Umsetzung ist auch bei diesem Ansatz von entscheidender Bedeutung. Dazu sollen Lokale Initiativen zur Koordination eingesetzt werden (ebd.:179-180). Im Rahmen eines Wettbewerbs haben sich die ländlichen Regionen in NRW mit ihren Entwicklungskonzepten um die Aufnahme in die LEADER Förderung beworben. Die 12 Regionen die derzeit gefördert werden sind in Abbildung 10 dargestellt.

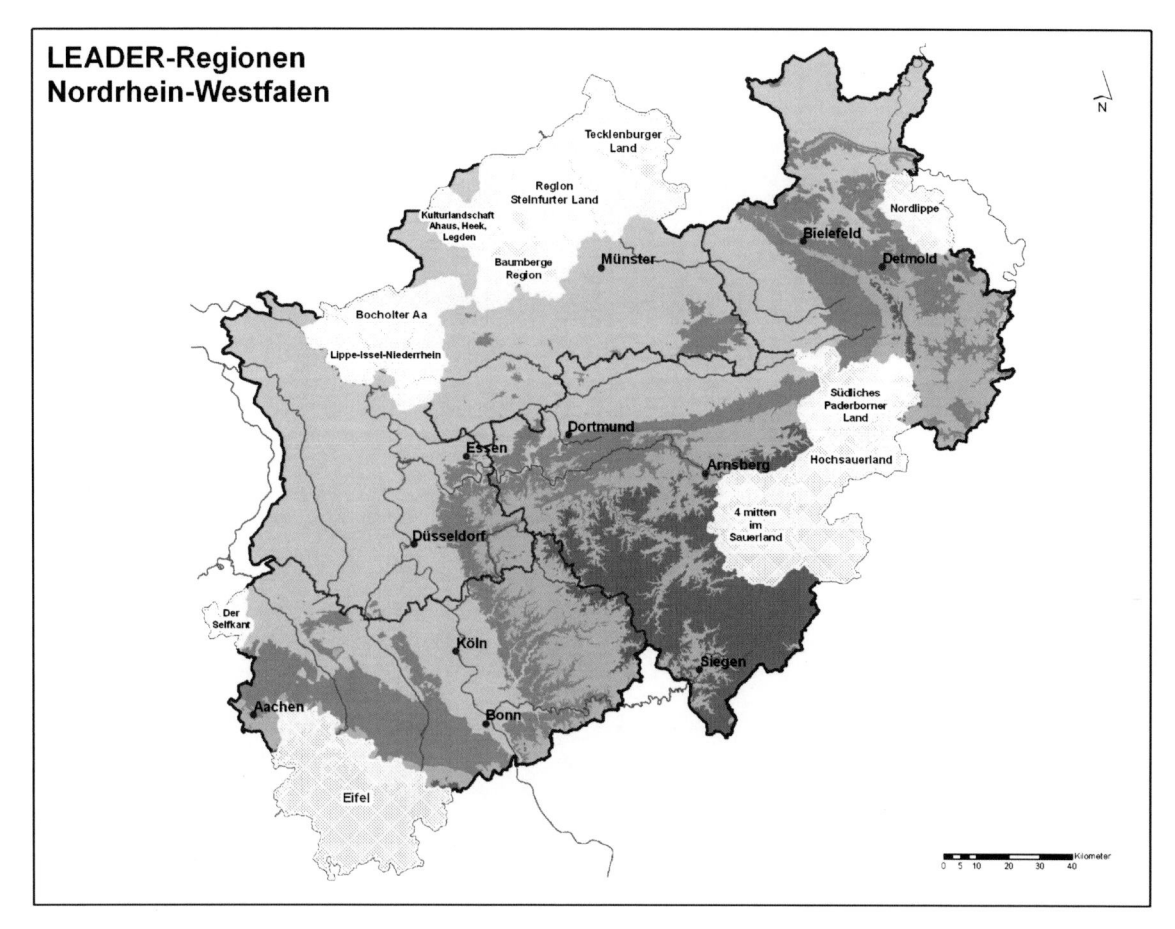

Abbildung 10 LEADER-Regionen in NRW (MKULNV.NRW, 2011).

4.3.1 Allgemeines zur LEADER-Region Eifel

Bevor der demographische Wandel in der Eifel dargestellt wird soll vorab die Region kurz näher beschrieben werden. Die LEADER-Region Eifel (i.F. kurz Eifel) umfasst insgesamt 15 Kommunen und erstreckt sich über ein Gebiet von 1475 km². Diese Kommunen gehören den drei Kreisen Aachen, Düren und Euskirchen an. Davon zählen 8 Kommunen zum Kreis Euskirchen, 4 zum Kreis Aachen und 3 zum Kreis Düren. Der Kreis Euskirchen bildet somit den regionalen Schwerpunkt. Die Region liegt am südwestlichen Rand von NRW und grenzt an Belgien und Rheinland-Pfalz. Die Bevölkerungsdichte ist in der Region sehr unterschiedlich ausgeprägt. Dünn besiedelten Gebieten mit 45 E./km² stehen dichter besiedelte Gebiete mit bis zu 208 E./km² gegenüber. Mit einer durchschnittlichen Bevölkerungsdichte von 115 E./km² ist die Eifel insgesamt sehr dünn besiedelt (Naturpark Nordeifel, 2007:7-8). Abbildung 11 zeigt, dass sich die LEADER-Region aus zwei Teilgebieten mit jeweils eigenem ILEK zusammengeschlossen hat. Dies kann wiederum als Hinweis darauf gesehen werden, dass die gebietsübergreifende Zusammenarbeit im ländlichen Raum immer bedeutsamer wird.

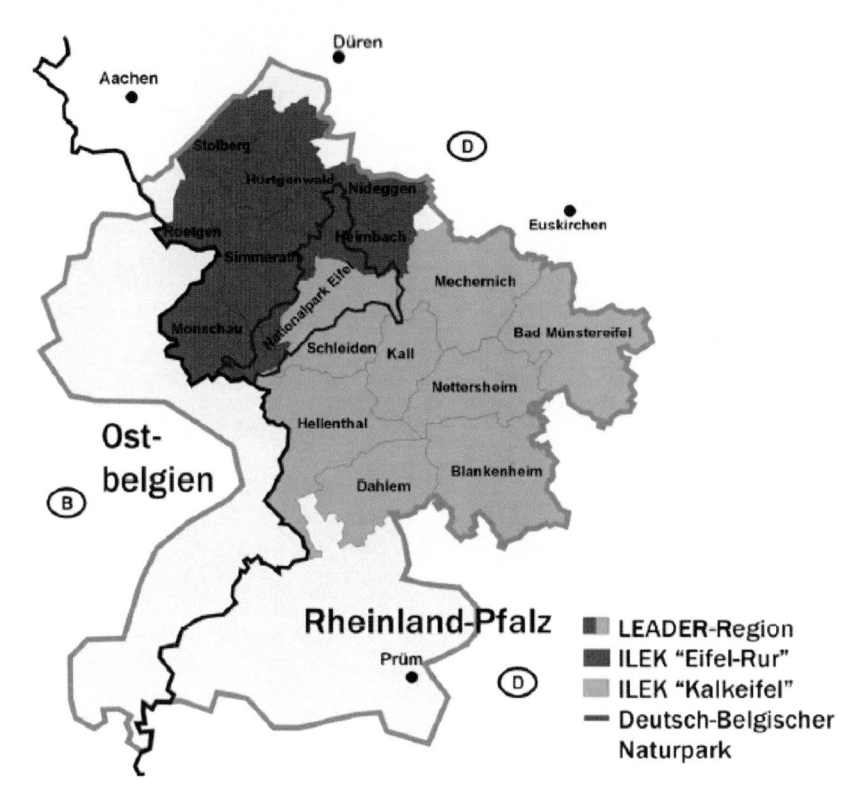

Abbildung 11 LEADER-Region Eifel im Überblick (Naturpark Nordeifel, 2007:10).

4.3.2 Demographischer Wandel in der LEADER-Region Eifel

Im Unterschied zu den bisher betrachteten ländlichen Räumen, die insgesamt von einem starken Bevölkerungsrückgang betroffen sein werden, wird die Bevölkerung in der Eifel vorraussichtlich weniger stark abnehmen. So wird derzeit für den Kreis Euskirchen bis zum Jahr 2030 eine Bevölkerungsabnahme von minus 1,0 % prognostiziert (IT.NRW, 2009:24). Auch im Kreis Aachen wird die Bevölkerungsabnahme mit minus 0,8 % moderat verlaufen (ebd.:21). Lediglich im Kreis Düren liegt die prognostizierte Bevölkerungsabnahme mit minus 4,8 % etwas höher (ebd.:22).

Die relativ stabile Bevölkerungsentwicklung in der Eifel lässt sich mit der räumlichen Nähe und der guten Erreichbarkeit der Städte Aachen, Bonn und Köln begründen. Dieser Aspekt verhindert bisher die Abwanderung junger Bevölkerungsgruppen und schwächt damit neben dem Bevölkerungsverlust auch das Problem der Überalterung in der Region ab (Naturpark Nordeifel, 2007:50). Zwar wird im Kreis Euskirchen die Zahl der 60 bis 80 jährigen bis 2030 vorraussichtlich um 53,3 % steigen. Demgegenüber wird für die Zahl der 25 bis 40 jährigen aber ein vergleichsweiser geringer Rückgang von minus 9,7 % erwartet (IT.NRW, 2009:24).

Ein Rückblick auf Abbildung 3 in Kapitel 2.2 macht zudem den demographischen Einfluss der Wanderung für die Eifel deutlich. Demnach gehört die Eifel zu den Regionen in NRW in welcher der Wanderungsüberschuss größer als der Sterbeüberschuss ausfallen wird.

Insgesamt könnte somit angenommen werden, dass der demographische Wandel in den drei Eifelkreisen zukünftig kein tiefgreifendes Problem darstellen wird. Dies ist allerdings, trotz der vergleichsweisen guten Ausgangsbedingungen, nicht der Fall. Die kreisweite Betrachtung verdeckt kleinräumige Entwicklungstendenzen in den kleineren und abgelegenen Dörfern der Eifel. Dort wird befürchtet, dass sich die Überalterung und eine zunehmende Abwanderung junger Menschen negativ auf die Lebensqualität der gesamten Eifel auswirken werden. Die Probleme die sich daraus ergeben betreffen auch hier wieder u.a. die Bereiche der Grundversorgung mit Gütern und Waren des täglichen Bedarfs, den Leerstand von Häusern und Gebäuden sowie das soziale Zusammenleben. Der Maßnahmenbereich „Eifeler Lebens- und Arbeitswelt" bezieht sich auf diese Problemlage. Das Ziel ist auch hier wieder die Erhaltung und Verbesserung der Lebensqualität in den Dörfern und Städten der Region. Im LEADER Konzept werden dazu ebenfalls die üblichen Ziele genannt. So gilt es regionalspezifische Bausubstanzen zu erhalten bzw. Leerstände anderweitig zu nutzen, die Grundversorgung zu sichern und die Eifel durch Angebote für Jung und Alt attraktiv zu machen (Naturpark Nordeifel, 2007:50-51).

Als ein konkretes Beispiel kann die LEADER-Nahversorgungsagenda herausgestellt werden. Dieses Förderprojekt wird derzeit umgesetzt und dient der Sicherung der Nahversorgung in den Dörfern der Eifel. In fünf Orten werden dazu lokale Teilprojekte durchgeführt. Diese werden von privaten Einzelhandelsangeboten getragen. Entscheidend ist dabei, dass auf die verschiedenen Ausgangsituationen mit eigenen Lösungsansätzen reagiert wird. So wird in Blankenheim die Lösung der Nahversorgungsprobleme mit der Bewältigung der Leerstandsproblematik verknüpft. Andernorts steht wiederum die frühzeitige Anpassung des Einzelhandelsangebots an die geänderte Nachfragestruktur im Vordergrund. Darüber hinaus werden die Ergebnisse dieser Projekte in einer Beispielsammlung zusammengefasst und können somit später anderen LEADER-Regionen als Orientierung dienen (Naturpark Nordeifel, 2010:5).

Dieses Beispiel zeigt, dass der überregionale Erfahrungsaustausch ebenfalls ein wichtiges Ziel des LEADER Programms ist. Auch wenn das LEADER Programm einen wirtschaftlichen Schwerpunkt hat berücksichtigt es auch die Lebensqualität im ländlichen Raum. Insgesamt gesehen reagiert die Eifel allerdings bislang weniger intensiv auf den demographischen Wandel als die beiden anderen ländlichen Räume. Dies steht eventuell in einem Zusammenhang mit der geringeren Entwicklungsdynamik in dieser Region.

4.4 Ausblick und kritische Betrachtung der Handlungsansätze

In den drei ausgewählten ländlichen Räumen von NRW wurde die Art und Weise wie mit den Auswirkungen und Herausforderungen des demographischen Wandel derzeit umgegangen wird dargestellt. Viele Aspekte konnten dabei nur angerissen und verkürzt abgehandelt werden. In diesem abschließenden Kapitel geht es nun darum die wesentlichen Merkmale der Konzepte zusammenzufassen und kritisch zu beleuchten.

Zunächst ist anzumerken, dass die Auseinandersetzung mit der Thematik des demographischen Wandels in den ländlichen Räumen von NRW scheinbar noch recht jung ist. So wird sich frühestens seit Anfang bzw. Mitte 2000 mit dieser Thematik auseinandergesetzt. Für eine Schrumpfungsregion, wie dem Hochsauerlandkreis, kann gemutmaßt werden, dass dort der politische Handlungsdruck ungleich höher ist als in einem stabileren ländlichen Raum, wie der Eifel. Insgesamt wird das Thema aber mittlerweile in unterschiedlichem Umfang in allen Regionen behandelt. Wie sich gezeigt hat, befinden sich in den ländlichen Räumen von NRW viele der angesprochenen Maßnahmen noch nicht oder gerade erst in der Umsetzung. Dies erschwert zusätzlich die Bewertung dieser Konzepte und Maßnahmen. In der Vorgehensweise zeigen sich allerdings deutliche Gemeinsamkeiten.

In allen betrachteten Konzepten sind zwei Aspekte von Bedeutung:

Erstens geht es immer darum integriert vorzugehen. Es ist Konsens, dass der demographische Wandel ein vielschichtiges Problem ist. Die Lösung wird daher in der Einbeziehung und Vernetzung möglichst vieler Fachbereiche und Handlungsfelder gesehen. Ferner gehört dazu auch die Einbeziehung und Aktivierung der lokalen Bevölkerung. Es ist anzumerken, dass diese Vorgehensweise insgesamt starke Bezüge zur integrierten Stadtentwicklung und Programmen wie der Sozialen Stadt aufzeigt. Auch in den ländlichen Räumen werden die Einwohner zunehmend gefordert sein selbst aktiv zu werden und sich z.B. ehrenamtlich zu engagieren. Dazu müssen allerdings die notwendigen Voraussetzungen geschaffen werden. Ob es in diesem Zusammenhang reicht jährlich Preise für ehrenamtliche Tätigkeit zu vergeben oder eine Internetplattform einzurichten ist dabei äußerst fraglich.

Zweitens tritt auch die regionale Vernetzung und Kooperation immer wieder in den Handlungsansätzen in Erscheinung. Abseits von administrativen Abgrenzungen formieren sich in bestimmten Bereichen neue ländliche Teilräume, etwa um eine Tourismus-, Gesundheits-, oder Bildungsregion zu gründen. Wenn es gelingt solche Zusammenarbeit zu fördern und auszubauen können die ländlichen Räume möglicherweise in Zukunft voneinander profitieren und ihre Standortqualitäten verbessern. Demgegenüber steht aber auch der zunehmende Wettbewerb der ländlichen Räume. Im Grunde konkurrieren alle ländlichen Räume um Zuwanderung, da sie nur so den drohenden Bevölkerungsverlust abschwächen können. Welche Regionen aus diesem Wettbewerb als „Gewinner" und „Verlierer" hervorgehen werden ist gegenwärtig noch nicht absehbar.

Als grundlegende Herausforderung kann für die ländlichen Räume in NRW festgehalten werden, dass die Verbesserung der Standortqualitäten in allen Lebensbereichen eine zukünftige Aufgabe darstellen wird. In welcher Form und mit welchen Konzepten diese Aufgabe am besten bewältigt wird muss sich noch zeigen. Allein die Vielfalt der Handlungsansätze zeigt aber die Brisanz dieses Themas.

5 Zusammenfassung

Der demographische Wandel in NRW folgt im Wesentlichen dem bundesweiten Trend. Die Bevölkerung wird weniger, der Anteil der älteren Menschen nimmt zu und die Gesellschaft wird internationaler. Ein wichtiger Aspekt ist in NRW, dass sich Schrumpfungs- und Wachstumsregionen in räumlicher Nachbarschaft befinden. Der Grund dafür ist in der selektiven Zu- und Abwanderung der Bevölkerung zu sehen.

Um auf die demographische Situation in den ländlichen Räumen in NRW einzugehen mussten diese zunächst abgegrenzt werden. Aufgrund der Bevölkerungsdichte und dem hohen Verstädterungsgrad fällt die Abgrenzung der ländlichen Räume in NRW nicht leicht. Als Abgrenzungskriterium wurde das Funktionspotential der ländlichen Räume gewählt, da dieses den mehrdimensionalen Charakter der ländlichen Räume am meisten berücksichtigt.

Im Rahmen dieser Arbeit wurden als Beispielregionen bewusst drei ländliche Räume ausgewählt die unterschiedliche demographische Entwicklungstendenzen aufweisen. Als Schrumpfungsregion hat der Hochsauerlandkreis bereits früh mit der Erstellung eines ausführlichen Demographiekonzepts reagiert. Die vielen verschiedenen Handlungsfelder zeigen, dass dort sowohl Anpassungs- als auch Gegensteuerungsstrategien im Umgang mit dem demographischen Wandel verfolgt werden.

Als ein sehr heterogener Raum, in Bezug auf die Bevölkerungsentwicklung, stellt sich der Regierungsbezirk Detmold bzw. Ostwestfalen-Lippe heraus. Als ländlicher Raum wurde aus diesem Gebiet die Region Lippe-Süd ausgewählt. Diese Region ist ebenfalls durch Abwanderung und Schrumpfung der Bevölkerung gekennzeichnet. Mit den Auswirkungen des demographischen Wandels wird dort in Form eines integrierten ländlichen Entwicklungskonzepts umgegangen. Die Darstellung dieses ILEK hat gezeigt, dass hierbei Leitprojekte den ländlichen Gemeinden helfen sollen auf die verschiedenen Probleme, z.B. Leerstände, zu reagieren. Kooperation und Mitwirkung der lokalen Bevölkerung sind dabei wichtige Elemente für die Erarbeitung und Umsetzung des ILEK.

Als letzter ländlicher Raum wurde die LEADER-Region Eifel behandelt. Laut Prognosen wird sich dort der demographische Wandel nicht in dem Umfang auswirken wie im Hochsauerlandkreis und der Region Lippe-Süd. Dennoch wird auch dort im Rahmen des LEADER Programms versucht auf diese Entwicklung mit verschiedenen Projekten zu reagieren und Einfluss zu nehmen.

Insgesamt hat sich gezeigt, dass die ländlichen Räume in NRW vor unterschiedlichen demographischen Entwicklungen stehen. Da jeder ländliche Raum dadurch andere Ausgangsbedingungen hat, werden regional spezifische Konzepte entwickelt. In der Vorgehensweise hat sich dabei allerdings ein integriertes und auf regionaler Kooperation beruhendes System durchgesetzt. Welche Erfolge und Wirkungen sich in den ländlichen Räumen dadurch einstellen werden wird sich vermutlich in den nächsten Jahren zeigen.

Literaturverzeichnis

Akademie für Raumforschung und Landesplanung (ARL) (2009): Positionspapier aus der ARL Nr. 80 - Fünf Thesen zur Entwicklung der ländlichen Räume in Nordrhein-Westfalen. Hannover.

Aschemeier, R. (2007): Zahlen und Fakten zum demographischen Wandel. In: Geographische Rundschau 59(2), 62-65.

Berlin-Institut (2011): Online Handbuch Demografie – Glossar. <http://www.berlin-institut.org/online-handbuchdemografie/glossar.html> abgerufen am 25.05.2011.

Bertelsmann Stiftung (2007): Demographie Check – Ostwestfalen-Lippe. <www.bertelsmann-stiftung.de/cps/rde/xbcr/SID-4644D2E2-C2423CE4/bst/DemoWaCheck_OWL.pdf> abgerufen am 16.06.2011.

Bezirksregierung Detmold (2011): Region OWL. <http://www.bezreg-detmold.nrw.de/300_RegionOWL/index.php> abgerufen am 16.06.2011.

Bildungsbüro des Hochsauerlandkreises (BHSK) (2010): Dokumentation der Ersten Bildungskonferenz des Hochsauerlandkreises am 18. März 2010. <http://vorschau.hochsauerlandkreis.de/buergerinfo/formulare/Dokumentation_2010.999.pdf> abgerufen am 11.06.2011.

Born, K. M. (2011): Ländliche Räume in Deutschland – Differenzierungen, Entwicklungspfade und –brüche. In: Geographische Rundschau 63(2), 4-10.

Bröckling, F./Löwer, M. (2009): Das integrierte ländliche Entwicklungskonzept (ILEK) "Einzugsgebiet Vechte". <http://www.lwl.org/LWL/Kultur/Westfalen_Regional/Gesellschaft_Politik/Planung/ILEK_Vechte> abgerufen am 17.06.2011.

Bundesamt für Bauwesen und Raumordnung (BBR) (2005): Bundesraumordnungsbericht 2005. Bonn.

Bundesamt für Bauwesen und Raumordnung (BBR) (2009): Raumordnungsprognose 2025/2050 - Berichte Band 29. Bonn.

Bundesministerium für Verkehr, Bau und Stadtentwicklung (BMVBS) (2009): Eröffnungsrede „Demografischer Wandel in ländlichen Regionen – Politische Gestaltungsansätze in Ost und West". <http://www.region-schafft-zukunft.de/cln_032/nn_499556/DE/Kongress/Dokumentation/Reden__Vortraege/Rede__Tiefensee,templateId=raw,property=publicationFile.pdf/Rede_Tiefensee.pdf> abgerufen am 25.05.2011.

Danielzyk, R./Mielke, B. (2006): Strukturwandel in den ländlichen Gebieten des westlichen Münsterlandes und Ostwestfalen-Lippes. In: Geographische Rundschau 58(1), 56-63.

Dorbritz, J./Schneider, N. F. (2010): Demographischer Wandel in Deutschland – Die Vielfalt eines aktuellen Themas. In: Praxis Geographie 2010(9), 4-9.

Gebhardt, H. (2007): Verdichtungsräume versus ländlicher Raum. In: Glaser, R./Gebhardt, H./Schenk, W. (Hrsg.) (2007): Geographie Deutschlands. Darmstadt: WBG, 70-76.

Grabski-Kieron, U./Stinn, T. (2011): Ländliche Räume in der „Gesundheitsfalle" - Gesundheitsversorgung unter sich verändernden Rahmenbedingungen. In: Geographische Rundschau 63(2), 50-53.

Grüber-Töpfer, W./Kamp-Murböck, M./Mielke, B. (2010): Demographische Entwicklung in NRW. In: Institut für Landes- und Stadtentwicklungsforschung (Hrsg.) (2010): Demographischer Wandel in Nordrhein-Westfalen. Dortmund, 7-32.

Henkel, G. (2004^4): Der Ländliche Raum – Gegenwart und Wandlungsprozesse seit dem 19. Jahrhundert in Deutschland. Berlin, Stuttgart: Gebrüder Borntraeger Verlagsbuchhandlung.

Hochsauerlandkreis (HSK) (2006): Wirtschaftspolitisches Programm für den Hochsauerlandkreis. <www.hochsauerlandkreis.de/pv/landrat/aufgabe/WPP_HSK_2006.999.pdf> abgerufen am 14.06.2011.

Hochsauerlandkreis (HSK) (2008): Integrationskonzept des Hochsauerlandkreises – Zusammenwachsen im Hochsauerlandkreis. <www.hochsauerlandkreis.de/integrationskonzept_HSK.999.pdf> abgerufen am 11.06.2011.

Hochsauerlandkreis (HSK) (2009): Demographischer Wandel im Hochsauerlandkreis – Handlungsfelder und Strategien. <http://www.hochsauerlandkreis.de/ws/demographie/Demographiekonzept_Juli_2009.999.pdf> abgerufen am 09.06.2011.

Information und Technik Nordrhein-Westfalen (IT.NRW) (2009): Bevölkerungsentwicklung in den kreisfreien Städten und Kreisen Nordrhein-Westfalens 2008 bis 2030. <http://www.it.nrw.de/presse/pressemitteilungen/2009/pdf/69_09.pdf> abgerufen am 09.06.2011.

Information und Technik Nordrhein-Westfalen (IT.NRW) (2010): Einwohnerzahl und Bevölkerungsdichte in NRW. <http://www.it.nrw.de/statistik/a/daten/eckdaten/r311dichte.html> abgerufen am 25.05.2011.

Kilper, H./Müller, B. (2005): Demographischer Wandel in Deutschland - Herausforderung für die nachhaltige Raumentwicklung. In: Geographische Rundschau 57(3), 36-41.

Kocks, M. (2007): Konsequenzen des demographischen Wandels für die Infrastruktur im ländlichen Raum. In: Geographische Rundschau 59(2), 24-31.

Landesregierung NRW (Hrsg.) (2005): Den demographischen Wandel in Nordrhein-Westfalen gestalten. Düsseldorf. <www.bertelsmann-stiftung.de/cps/rde/xbcr/SID-91119CFA-DD578390/bst/demographischer_wandel_langfassung.pdf> abgerufen am 08.06.2011.

Lennep, H.-G. von (2004): Tendenzen demografischer Entwicklung. In: Städte- und Gemeindebund NRW (Hrsg.) (2004): Leitfaden „Demografischer Wandel". Düsseldorf: Selbstverlag StGB NRW, 10-13.

Lippe Aktuell (2011): Stadtplanerin gegen Leerstände aktiv. <https://www.lippe-aktuell.de/content/artikel.php?a=159314> abgerufen am 20.06.2011.

Lokale Aktionsgruppe (LAG) Eifel (2011): Leader in NRW. <http://www.leader-eifel.de/go/leader_in_nrw.html> abgerufen am 24.06.2011.

Ministerium für Generationen, Familie, Frauen und Integration des Landes Nordrhein-Westfalen (MGFFI.NRW) (Hrsg.) (2009): Der demografische Wandel in Nordrhein-Westfalen – Daten und Fakten. Düsseldorf.

Ministerium für Klimaschutz, Umwelt, Landwirtschaft, Natur- und Verbraucherschutz des Landes Nordrhein-Westfalen (MKULNV.NRW) (2010): NRW-Programm „Ländlicher Raum" 2007-2013.
<http://www.umwelt.nrw.de/landwirtschaft/pdf/laendlich/broschuere_laendlicher_raum.pdf> abgerufen am 28.05.2011.

Ministerium für Klimaschutz, Umwelt, Landwirtschaft, Natur- und Verbraucherschutz des Landes Nordrhein-Westfalen (MKULNV.NRW) (2011): Karte der Leader-Regionen in NRW.
<http://www.umwelt.nrw.de/landwirtschaft/pdf/leader/LEADER-Regionen.pdf> abgerufen am 24.06.2011.

Ministerium für Wirtschaft, Energie, Bauen, Wohnen und Verkehr (MWEBWV) (1995): Landesentwicklungsplan Nordrhein-Westfalen.
<http://www.mwme.nrw.de/600/200/100/lepnrw.pdf> abgerufen am 20.05.2011.

Naturpark Nordeifel e.V. (2007): Eifel – Wir sind Zukunft! Gebietsbezogenes integriertes ländliches Entwicklungskonzept der Region Eifel 2007–2013. <www.leader-eifel.de/downloads/GIEK_Eifel_sw.pdf> abgerufen am 25.06.2011.

Naturpark Nordeifel e.V. (2010): Jahresbericht 2010 der LAG Eifel. < http://www.leader-eifel.de/data/media/downloads/Jahresbericht-LAGEifel2010-web-1_1304584351.pdf> abgerufen am 29.06.2011.

Neu, C. (2011): Daseinsvorsorge und Bürgerpartizipation. In: Geographische Rundschau 63(2), 44-49.

NRW-Tourismus e.V. (2007): Mafo-Rundschau – Demographischer Wandel und Tourismus. <http://www.sauerland-tourismus.com/intranet/marktforschung_statistik/mafo_rundschau_nrw/demographischer_wandel_und_tourismus> abgerufen am 16.06.2011.

Region Lippe-Süd (RLS) (2008): Integriertes Ländliches Entwicklungskonzept – Region Lippe-Süd. <assets3.lippr.net/ilek/uploads/325/original.pdf> abgerufen am 16.06.2011.

Schmidt, M./Steinweg, C. (2002): Abgrenzung des ländlichen Raumes in Nordrhein-Westfalen - Kurzfassung. Dortmund. <www.ils-forschung.de/down/raumabgrenzung.pdf> abgerufen am 04.06.2011.

Schmitz-Veltin, A. (2006): Lebensbedingungen im demographischen Wandel - Konsequenzen von Alterung und Schrumpfung für Bildungschancen und medizinische Versorgung in ländlichen Räumen. In: Raumforschung und Raumordnung 64(5), 343-354.

Stadt Arnsberg (Hrsg.) (2007): Seniorentrainerin – Ein Weg mit Ziel. <www.arnsberg.de/engagement/projekte/seniortrainer-dokumentation.pdf> abgerufen am 13.06.2011.

Statistisches Bundesamt (SB) (Hrsg.) (2009): Bevölkerung Deutschlands bis 2060 – 12. koordinierte Bevölkerungsvorausberechnung. Wiesbaden.

Südwestfalen Agentur (2010): Gemeinsame Visionen über Dorfgrenzen hinweg. <http://www.suedwestfalen.com/no_cache/projekte/listenansicht/news-details/article/gemeinsame-visionen-ueber-dorfgrenzen-hinweg.html?tx_ttnews%5BbackPid%5D=202> abgerufen am 14.06.2011.

Wolkersdorfer, G./Gebhardt, H. (2007): Bevölkerungsentwicklung und demographischer Wandel. In: Glaser, R./Gebhardt, H./Schenk, W. (Hrsg.) (2007): Geographie Deutschlands. Darmstadt: WBG, 169-176.